孩子的逆商
这样磨炼最有效

柴一兵◎编著

北京工业大学出版社

图书在版编目（CIP）数据

孩子的逆商这样磨炼最有效 / 柴一兵编著 . —北京：北京工业大学出版社，2015.6（2021.9重印）

ISBN 978-7-5639-4335-7

Ⅰ.①孩… Ⅱ.①柴… Ⅲ.①挫折教育 - 家庭教育 Ⅳ.① B848.4 ② G78

中国版本图书馆 CIP 数据核字 (2015) 第 112330 号

孩子的逆商这样磨炼最有效

编　　著：柴一兵

责任编辑：茹文霞

封面设计：尚世视觉

出版发行：北京工业大学出版社

　　　　　（北京市朝阳区平乐园 100 号　邮编：100124）

　　　　　010-67391722（传真）　bgdcbs@sina.com

经销单位：全国各地新华书店

承印单位：唐山市铭诚印刷有限公司

开　　本：787 毫米 ×1092 毫米　1/16

印　　张：14

字　　数：170 千字

版　　次：2015 年 6 月第 1 版

印　　次：2021 年 9 月第 2 次印刷

标准书号：ISBN 978-7-5639-4335-7

定　　价：39.80 元

前　　言

随着社会的发展，人与人之间的竞争越来越激烈，孩子遇到困难的可能性也越来越大。不少孩子在处于困境时，常常不能以正确的方式应对，往往情绪低落或暴躁，很难走出逆境。这导致他们很难渡过人生的难关。

为了帮助孩子更好地成长，就需要提高他们的逆商。所谓逆商，就是指人们应对逆境的方式和能力。然而，不少家长对此并不了解，也不知道该怎样锻炼孩子的逆商。这本书能帮助家长解决这一问题，并找到磨炼孩子应对逆境的科学方法。

本书共有九章，每一章都在主题的引导下对问题做出了详细的分析并提供了切实可行的方法。每一小节都有一个与主题有关的故事，贴近生活，易于理解。不仅如此，每一小节还对故事做了分析，便于家长理解和借鉴，之后还总结了提高逆商的方法。通过阅读这本书，家长不仅能了解到孩子可能遇到的逆境，还能借鉴到不少教孩子应对逆境的方法，能有效地提高孩子的逆商，帮助他们战胜人生中的逆境，获得成功。

本书的特点是章节安排合理、内容丰富。从结构上看，先让家长了解逆商的重要性，举例说明孩子可能遇到的挫折，再提供磨炼孩子逆商的方法。不仅涵盖了教孩子解决难题的方法，还阐述了如何教孩子摆脱逆境导致的负面情绪以及如何培养孩子的乐观精神等，能让家长"各取所需"，全面提高孩子的逆商。此外，本书还用一章的篇幅为家长介绍了几个典型的名人故事，比如海伦·凯勒、马克思等，能帮助家长为孩子树立榜样，更好地提高应对困境的能力。

在孩子的成长过程中，他们终将独立面对不少困难。只有磨炼逆商，提高应对逆境的能力，学会应对逆境的方法，才能顺利走出困难和挫折，成为一个坚强乐观的人，勇敢地面对生活。相信这本书可以帮助家长找到提高孩子的逆商的方法，让孩子在家长的帮助下早日成长为独立勇敢的人。

编　　者

目　　录

第3章　帮孩子合理宣泄"坏"情绪有利于应对逆境

第4章　面对逆境，家长要教孩子摆脱负面情绪的影响

第5章　教孩子在逆境中也要保持乐观的心态

第6章　家长要善于鼓舞困境中孩子的自信心

第7章 教孩子用毅力战胜困难的挑战

第8章 用理想助力孩子在逆境中的奋斗

第9章 用名人故事激发孩子的抗逆境斗志

第1章
经受逆商教育的孩子
人生更幸福

逆商教育需要家长从孩子小时候就抓起

一个人的成功究竟需要哪些因素？有这样一个公式：100%的成功=20%的IQ+80%的EQ和AQ。AQ即逆商。逆商主要是后天在挫折中培养的一种对抗挫折的能力，因此逆商教育要从孩子小时候抓起，让孩子从小在挫折中学会坚强，提高应对能力，帮助孩子培养高逆商。

人的成长始终伴随着挫折。不同年龄段需要面临不同的挫折。生活中不乏为孩子"排除万难""尽职尽责"的好家长，对孩子有求必应，提前为孩子摆平成长路上的一切困难，给孩子提供了一个安逸幸福的生活环境。没有经历过挫折的孩子自然不懂得如何应对挫折。因此我们经常会发现孩子跌倒了却只知道趴在原地哭泣、被老师批评便情绪低落，长大后面对社会激烈的竞争无法适应，在职场生活中屡屡失败，最后甚至变成"啃老族"。这些问题的根源其实都是孩子的逆商教育从小不足，因此在成长中一旦受挫便会手足无措，无法应对。

"冰冻三尺非一日之寒"，一个人能力的培养不可能是一朝一夕便可完成的，因此孩子的逆商教育家长要从小重视。作为家长要对挫折有正确的认识，不要害怕让孩子经历挫折。挫折是孩子人生路上必须经历的，只有经历挫折才能让孩子拥有顽强的意志力，才能让孩子变得成熟和坚强。只有从小在挫折中学会直面困难、积极解决困难的孩子才能在经历人生风雨时从容面对。因此，家长要认识到孩子必须经历挫折。家长对挫折有正确的认识，才能教孩子正确认识逆境。逆境是孩子成长的阶梯，挫折是让孩子成熟的催化剂。只有经历过风雨才能看到最美丽的彩虹，所以家长应该让孩子从小适当地经历挫折。

美美拥有一些"小女孩"的"品质特征"：娇气、蛮横，而且十分脆弱。

"哇——"妈妈带美美出门，还没走几步就听见后面美美的哭声。原来她不小心摔了一跤，可是她做的第一件事不是站起来，而是"本能"地扯着嗓子大哭。边哭还边说："妈妈快来！"

看着她趴在地上的样子，妈妈觉得既好气又好笑："你怎么不知道自己爬起来啊？"

"我摔倒了啊！妈妈不是应该把我扶起来吗？"美美挂着眼泪说，"你看我都摔疼了。"

"以后摔倒了要自己爬起来知道吗？如果爸爸妈妈不在，那你要谁来扶你啊？"美美对妈妈的话不以为然。

美美是家里的独生女，从小就受到家里人无微不至的照顾，衣来伸手饭来张口的她一遇到事就找大人，就连组装玩具，她有时候都懒得动手，反正只要对爸爸一张口，他就会无条件地帮助自己。久而久之，美美变得越来越娇气，一遇到事就想着"求助"别人。

"妈妈，你看这道题怎么做啊？"正在做作业的美美遇到了"拦路虎"，于是她想都没想就习惯性地喊起了"妈妈"。

"这道题不是前几天刚做过吗？这种题都讲过多少遍了你还是不

会，你呀根本就是没有用心。"妈妈看了看美美的作业，无奈地说。

"哎呀我用心了，可是还是没记住啊。"美美继续撒娇地说，"我真是太笨了，总是学不会。算了我不做了。"遇到难题的美美索性想要放弃。

"你这样怎么可以！一点点困难你就想放弃啊？这么没有毅力那以后怎么办啊！"妈妈担心地说。

"爸爸你看啊，这个怎么弄啊？"美美拿着被大卸八块的玩具生气地说，"我都装了半天了，它还是这样。算了，我做不好！"

"美美你怎么这么没有耐心呢？你再仔细看看。"爸爸笑着说。

"算了你们不帮我就算了！"美美把手里的玩具一扔就开始大发脾气。

案例中的孩子在面对生活中的小挫折时，总是习惯性地求助于父母，习惯性地请别人代劳，在面对困难时没有足够的耐心，也没有相应的能力解决，或者说孩子根本没有靠自己走出逆境来解决困难的意识。一旦自己的要求得不到满足，遭受打击，这种负面情绪会蔓延至其他方面，比如将责任推给别人，认为自己的困境都是因为没有得到帮助所致，这种想法是不正确的。孩子之所以有这样的心态，家长也有不可推卸的责任。正是因为孩子从小就受到了家人无微不至的照顾，孩子没有经历过任何挫折，因此，孩子的内心十分脆弱，在面对困难时没有勇气和能力战胜困难，对自己的能力不够自信，甚至没有尝试过自己解决困难便习惯性地寻求帮助。例如，孩子摔倒后不知道自己爬起来而是趴在原地等待别人的帮扶。这些简单的挫折都是培养孩子逆商的好时机。家长一定要从孩子小时候开始进行逆商教育，让孩子不轻易被困难吓倒，不让孩子在面对困难时连战胜困难的勇气都不具备。从小不曾经历过任何挫折的孩子内心是脆弱的，长大后面对挫折时更容易失败。没有经历挫折的孩子对失败也是没有抵抗力的，因此更加容易一蹶不振。

　　强强最近喜欢上了旱冰，他看着院子里的小朋友都在开心地玩旱冰时特别羡慕，因此他央求妈妈给他也买一双旱冰鞋。但是妈妈却以强强年纪小学不会而且太危险为理由屡次拒绝了强强的请求。

　　"不行，太危险了，万一摔倒了摔伤了怎么办？再说玩旱冰也不是一天两天就可以学好的，万一你摔一跤后自己不学了呢？那旱冰鞋即使买来了岂不是也是浪费？"其实妈妈不仅担心孩子会摔伤，还担心旱冰鞋买了也会变成摆设。

　　"哎呀，妈妈不会的，我一定会好好学的，而且我会小心的，不会摔伤的。"强强信誓旦旦地向妈妈保证。

　　爸爸却觉得这是锻炼孩子意志力的好机会。于是就对强强说："要买旱冰鞋也可以，但是你必须答应两个条件。"

　　"好啊，我一定答应。"强强喜出望外。

　　"第一，你必须要小心，不能把自己弄伤了。学习旱冰不摔跤是学不会的，但是如果你准备学，那就一定要坚持下来。所以第二个条件就是，不能轻言放弃。"爸爸认真地说出自己的两个条件后，强强想也没想就同意了。

　　拿到旱冰鞋的强强可高兴了，他来到院子里迫不及待地穿上鞋，可是还没站起来就先摔了个四脚朝天。不过强强并没有因此放弃，他从小时候就被爸爸教育"摔倒了要自己爬起来"，所以他坚持自己爬起来，扶着墙壁慢慢地尝试移动。

第一天强强就已经摔了不知道多少次，尽管有头盔护腕护膝的保护，可还是浑身疼得厉害。"怎么样？摔得疼吧？要不咱们不学了？"爸爸试探性地问道。

"不，我一定要坚持下来，我肯定能学会的。"强强忍着痛坚定地说。

"好！要是这点挫折都战胜不了，那你以后还怎么做到比这更困难的事？"爸爸赞许地说道。

就这样在一次次的摔跤中强强也掌握了更多的技巧，他很快就学会了滑旱冰。也正是这次的学习经历，强强学会了面对挫折要不屈不挠，只要有勇气有毅力，就一定可以摆脱困境。

案例中的孩子在学习旱冰的过程中学会了正确对待挫折和走出困境。让孩子从小接受良好的逆商教育，这是孩子人生成长经历中非常宝贵的财富。幼年时期正是孩子人生观、世界观、价值观的形成时期，因此也是对孩子进行逆商教育的最好时期。所以，为了孩子的健康成长，家长一定要从小对孩子进行逆商教育，让孩子拥有勇气、毅力和智慧来战胜人生中的挫折。

艰难困苦是磨炼孩子人格的最佳老师

对生活来说，困难亦是笔财富。

艰难困苦的生活带给人们的不仅仅是物质上的匮乏，还有精神上的磨炼与考验。艰难困苦如同一面镜子，可以清晰地反映出一个人对生活的态度。艰难困苦也是磨炼一个人人格的机会，没有经历艰难困苦磨炼过的灵魂是不足以变得成熟和睿智的，只有经过艰难困苦的心灵才会更加丰满，因此艰难困苦是磨炼孩子人格的最佳老师。

小梦是家里的独生女，平时的生活用众星捧月来形容倒是一点也不过分。从小家人就把她放在小区里的私人幼儿园中，即使如此父母和爷爷奶奶对她也是接来送去，从不懈怠。由于离家近，小梦经常赖床迟到，而且在学校里一遇到稍不顺心的事便借故不去。如果父母不同意，那她就故做生气状，爷爷奶奶一心疼，便对她百般纵容了。于是更加助长了小梦偷懒的心理。

一转眼小梦已经上小学了，可是她上学的第一天就闹得特别不开心。理由竟然是她想坐第一排而老师没有如她的愿。接着又开始跟同桌闹得不愉快，而这次她又觉得同桌对她态度不好。

"妈，我以前都是坐在第一排的，可是这次老师却说她是以身高来排座位，她说我坐在前面会对后面同学的视线有影响，她还说我坐在后面也可以，所以就让我坐在后面了。可是我才不想这样呢！我以前都是坐第一排的。我不要，我还要去坐第一排！"小梦一回来就开始"诉苦"了。

"妈妈你知道吗，我的同桌多讨厌！他每次从我身边经过的时候都不知道注意我的裙子，万一弄脏了怎么办？他上课还喜欢说话，我都被他影响了！妈妈我不想跟他坐在一起了！你去跟我们老师说说让她给我换座位吧？"小梦对妈妈"恳求"道。

"爸爸，我今天不想自己挤公交上学了，多难受啊。我要你送我！"小梦起来对爸爸撒娇说道。

"你自己去吧，这么大的人了，还要家长送啊？再说别人上学都可以坐公交，你就不行了吗？"爸爸的话让小梦觉得很受挫。

"不行！你要是不去送我，那我就不去了！反正我也不想去，多累啊，那么脏那么拥挤的公交，凭什么别人坐我也要坐啊！"小梦总是一副千金小姐的架势，好像自己得到所有的一切都是应该的。

爸爸妈妈开始越来越为小梦担心，怕她这样的性格会在外面吃亏。可是她已经被宠成这样了，要改也不是一时半会能改正的啊！

　　案例中的孩子因为生活条件优越、深受家里宠爱，因此个性变得十分任性刁蛮，不懂得理解和尊重别人，性格十分自私。这样的孩子可以说人格是尚不健全的，在与别人的交往中往往会出现许多问题。比如案例中的孩子，借故偷懒不去学校，与老师同学相处不好，总是抱怨别人对自己如何不公以及背后说别人的坏话，甚至因为一己私利"威胁"父母、嫌弃生活环境等，这些对孩子来说都是非常不利的。作为家长有责任、有义务教孩子懂得基本礼仪和学会友善，不能让孩子在幸福的生活中失去做人的最基本准则。案例中的孩子就是典型的"温室中的花朵"，从小没有经受过一点艰难困苦，甚至连坐公交车都会有厌恶的情绪。没有经过艰难困苦锻炼的孩子会不懂得珍惜和满足。

因为对当下幸福生活的习以为常，孩子就会觉得所拥有的一切都是理所应当的，因此他无法意识到需要珍惜眼下所拥有的一切，也不会感觉到现在幸福生活的珍贵，自然也是不会满足。当身边的人不再如同百依百顺的家人时，孩子就会觉得心理不平衡，认为自己受到不公正的待遇，因此也会变得更加霸道甚至跋扈。

没有经历过艰难困苦的孩子不懂得敬畏之心。如果一个人对生活没有敬畏之心而肆意妄为的话，那么生活也迟早会给予他一定的惩罚。一个孩子如果没有敬畏之心，他会变得任性自私而且"无所畏惧"，这样的孩子不会懂得尊敬和适可而止的尺度，自然在生活中要吃亏。只有经历过艰难困苦的孩子才会明白生活之中幸福与困难的联系，也更会理解幸福的意义，对于所拥有的幸福会怀揣敬畏珍惜之心，而不会视之如草芥，不会对一切都抱有无所谓的态度。

没有经历过艰难困苦的孩子没有坚强的意志。坚韧不拔是一个人必不可少的成功品质，只有有毅力的人才会在困难中坚持不懈、永不放弃，只有这样才能获得最终的胜利。在学习中是这样，生活中更是如此。如果被一点小挫折轻易打败，那这样的孩子也是很难成大器的。而没有经历过困难的孩子往往内心比较脆弱，在挫折中更容易一蹶不振，这样的孩子很难在生活中走出困境，获得成功。

"大家好，我叫小可。我来自农村，很高兴能到来这里。"讲台上的孩子怯生生地说着，"我什么都不会，希望以后大家能多多教我。"

小可站在讲台上难以掩饰紧张和他那带有家乡口音的普通话，被底下的同学好一阵取笑，不过他没有说话，只是低着头腼腆地笑着。

相比讲台下不少一身名牌的同学们，小可还穿着奶奶亲手做的布鞋。他的早餐也很简单，家里做的饼，不过妈妈特意给他带了两个鸡蛋。

"哎呀，你早上就吃这个啊！"

"哈哈，你看他，可真土。"

面对同学们的嘲笑，小可却没有觉得有一点不好意思："只要能吃饱就行了。我在乡下的时候，这些有时候都没有呢。"

看到同学们的浪费，小可说："'谁知盘中餐，粒粒皆辛苦'，种地真的很不容易，可累了！大家不要这么浪费啊，吃不完带回去也行啊。"

小可是个非常随和的人，在乡下村庄里的孩子都是一起玩，因此小可从不和朋友发生争吵。到了城里上学后，在班上他更是一个懂得助人为乐、和同学相处融洽的孩子。刚上学不久，热心的小可还被选为卫生委员呢，他可尽职尽责了。每天都是第一个来教室，最后一个回去的。

小可和爸爸妈妈住的地方离学校有两站公交车的距离，可是小可却依然坚持步行上学。他常说："这已经是非常近的了。我小时候去上学，每次都是摸黑步行半个多小时呢，那时候都过来了，现在都已经是在天堂了。"

小可的父母在城里打工，小可一直在农村和爷爷奶奶生活，到了快上初中时，爸爸妈妈想把他接到条件好一些的城里，他一直记得爷爷说的话："以前的辛苦都不要忘记，珍惜现在的幸福生活，好好学习啊！"

很多城市里长大的孩子没有过多地体验，其实在生活中还是有很多艰难困苦的。尤其是在农村，很多孩子的生活不管是从物质上还是精神上都处于一种比较缺乏的状态，他们对劳动和困难更是深有体会。案例中的孩子就是这样，但是他因为经历过困难，所以对拥有的幸福感到格外珍贵，因此也会倍加珍惜。而他身上更有着简朴、随和、懂事的优秀品质，因此也可以说是生活中的艰难困苦磨炼了他的人格，让他变得更加成熟和懂事的。

正如天气有阴晴雷雨，生活也是苦难和幸福的集合。家长要学会利用生活中的艰难困苦，在大大小小的"不幸"中磨炼孩子的人格，让孩子更加友善、更加成熟、更加优秀，只有经历过风雨的磨砺，孩子才会变得更加坚强、更加睿智，才能在生活中不断克服困难，迎接幸福人生。

逆境有利于开发孩子的潜能

"宝剑锋自磨砺出，梅花香自苦寒来"，这两句诗是形容逆境对人的历练，会让人变得更加优秀和成功。正如同锻造锋利的宝剑，在逆境的打磨之下人也会变得更加睿智，人的能力也会在解决一个个问题的过程中快速提高。实践出真知，也只有在困难面前才能知道人到底有多勇敢。因此，逆境对开发孩子的潜能是非常有帮助的。

一颗种子种在泥土中，要想破土而出成长为一株高大的植物就必须冲破泥土的压迫，而要想冲破限制就必须使自己变得强壮和坚韧，所以和泥土斗争的过程也是小小的种子和自己柔弱的身躯做斗争的过程。在这个过程中，种子完成了看似不可能的蜕变，不断延伸着自己的身躯。人也是一样，在面对困境的时候，只有通过不断努力，寻找解决办法，让自己变得更加强大，这样才能战胜困难。而在奋斗的过程中，孩子必须做到自己曾经看似做不到的事，在不知不觉中，孩子的潜能开始被开发出来。

学校要举办运动会，可是班里长跑项目的参赛人员还没有报齐，如果有名额空着的话，可是要扣班级总分的。眼看着上报学校参赛人员的最后期限就要到了，这可急坏了体育委员小龙。

"既然没有人，那你来跑吧。我记得上次体育课你跑得挺快的啊。就你吧。"体育委员把报名表"大方"地递到小军面前。

"不行，我真的不行。上次那才跑了多久，这可是五千米啊。我不行。"小军看到有些"病急乱投医"的体育委员突然拿他当"救命稻草"，自己连连表示不行。

小军说的也算是实话。他的体育成绩一直是不好不坏，但是五千米的长跑他还真没试过。八百米都勉强的他觉得五千米简直就是天方夜谭。因此他头摇得跟拨浪鼓似的拒绝了小龙。

"哎呀，你就当做好事好不好？你看看就差这一个了。再说不是还有好几天才比赛呢嘛！那你还有时间练练啊！"体育委员"胸有成竹"地说，不由分说就把小军的名字填在了五千米那一栏里。

比赛当天，小军直打退堂鼓，甚至想装病不去学校。但是体育委员将班级荣誉和个人精神搬出来滔滔不绝地对小军进行"说服"，最后还把他"五花大绑"地绑到了赛场。这下就算是赶鸭子上架，小军也得上去了。

"加油！加油！"呐喊声在赛道旁此起彼伏，小军此刻正在烈日炎炎下的跑道上一圈一圈不知疲倦地跑着。小军并不算落后，长跑比的是耐力，因此他从开始并没有不遗余力地拼命，但是尽管如此，几圈过去后也可以明显看出他的体力开始下降了。

"加油！加油！"

"小军坚持啊！你一定可以的！我们在终点等你！"

同班同学的呐喊声一直不绝于耳，小军在几次想要放弃的时候总是被这些声音打动。

"我不能放弃，就算是走，我也要走到终点！"

尽管双腿就像灌了铅，可是他并没有停止挪动双腿。

不知不觉中，小军已经不觉得累了，他觉得两条腿都不像是他自己的了，好像脱离了大脑的指挥，只剩下麻木而又机械地挪动。

"加油啊，还有两百米就要到终点了！小军再坚持一下啊！"听到声音的小军抬起头看看不远处的红线，深吸一口气，"快了，马上就要到了！再坚持一下！"想到这里，小军忽然觉得似乎有力量了，他努力调整呼吸，咬着牙做最后的冲刺。

"你太棒了！真的，第二名哎！"小军看着身边欢呼的同学们，躺在地上的他开心地笑了，真没想到自己竟然还拿了名次，这次比赛是他所有成绩中最好的一次。看来真是超常发挥，在坚持中还开发了他的潜能呢。

案例中的孩子在自己原本坚持不了的长跑比赛中却做到了超水平发挥，最后还取得了不错的名次，这是因为他在感觉困难时仍然不放弃，能够克服眼前的困难，超越自己，将困难变成了前进的动力，在逆境中成功开发了自己的潜力，并最终取得成功。

压力和动力之间可以互相转换，因此也有句话叫作"压力有多大，动力就有多大"。面对困难，当人绞尽脑汁想要解决问题时，人往往会取得意想不到的结果，很多自以为平时无法做到的事也会成功。比如《史记·李广列传》中讲过的李广的故事。李广将石头误以为是老虎，慌乱中匆忙拔箭射出，结果箭果然深深射中石头，而当他得知是石头后，再次尝试时却无论如何也无法射中。这便是在逆境中人的潜能被开发的例子。曾经也有新闻报道过有孩子从楼上坠落，孩子的母亲却从百米外奔赴过来接住了孩子，她的速度竟然超越了运动员。这在平时显然是根本无法达到的，但是在紧急时刻，人的潜能被瞬间开发，达到了意想不到的效果。

人的天性中有很多负面因素，比如惰性、自私、嫉妒等。我们也经常听到或者看到很多不幸的事发生，很多人也会不由自主地感叹一句："如果发生在我身上，那我肯定没办法！""天啊，这种事我可承受不了！"孩子也是一样。内心的脆弱和尚且不谙世事的他们还不具备很多应该有的品质，例如坚强、勇敢、自强等，因此逆境是一个很好的锻炼机会。逆境会让孩子在困难面前发现自己其实可以做得更多更好，许多自己认为自己做不到或者以前没有做过的事其实并不是那么困难，或者并不是自己想象的那么困难，做到看似做不到的事。在逆境中孩子也会慢慢看到自己的能力，学到更多事，变得更加成熟。

　　"快下来啊，快点！"爸爸妈妈一直鼓励着全副武装站在游泳池边的小叶，可她紧紧抱着游泳圈就是不敢下水。

　　学校开设了游泳课，但是胆小怕水的小叶半学期了都不敢下水，听说老师下节课要考查教的游泳技巧，这可急坏了小叶。爸爸为了帮助小叶学习游泳，克服小叶不敢下水的困难，便趁着周末带她来游泳馆。但是不管爸爸妈妈怎么鼓励，小叶还是不敢下水。

　　"不行，我怕！爸爸我真的很害怕，我不敢下来。"小叶的声音都有点瑟瑟发抖。嘴里一边说着脚步一边向外面挪动着。

　　"没事，这里是浅水区，根本不会有危险。再说你身上不是还有救生圈嘛！肯定不会有事的。你看爸爸妈妈都在，我们都会保护你的。"爸爸满怀信心地向小叶"保证"。

　　"是啊，你看我都下来半天了，这不是一点事都没有嘛！你看这里这么多人，人家都玩得多开心啊。快点，你快点下来我们三个人一起啊。"妈妈也向小叶伸出手。

　　小叶还是一个劲地摇着头："不要不要！我不要下来了。爸爸妈妈还是你们玩我看着吧。"小叶的眼泪都快出来了。

　　"哎呀，快看，那是什么？一只狗！"爸爸忽然指着小叶背后，一脸惊恐的样子。

　　"啊！在哪里？"小叶一听说有狗，想也不想地就冲着游泳池跳了下来，爸爸妈妈赶紧接住了她。拉着妈妈的胳膊小叶还"惊魂未定"地问着："狗在哪里？在哪里？"

"哈哈，你看，你这不是跳下水了吗？怎么样，我没骗你吧，一点都不可怕吧？"看着爸爸得意扬扬的样子，小叶忽然明白了这是爸爸的"骗术"。

看着自己已经置身水中，小叶忽然觉得似乎没有自己想象的那么可怕。于是她自己试着在水里走动，并且学着妈妈的样子开始憋气，看着水里爸爸的样子，小叶哈哈大笑起来。

"原来在水里没有那么可怕啊。"小叶想着。她还真得感谢爸爸那个"可怕"的谎言呢，否则自己这会儿还在水池边上瑟瑟发抖呢。

案例中的爸爸为了帮助孩子克服恐惧，为孩子"制造"了一个逆境来激发孩子的潜能，让孩子在紧张和害怕中看到了自己的能力，这也是激发孩子潜能的一种方法。家长不要害怕孩子遇到挫折，越是在挫折中孩子越能发现自己的潜能，也会越来越成熟。

让孩子在抗挫折中明白
幸福生活是创造出来的

很多人都觉得如今的孩子生活在最幸福的时期。物质生活极大丰富，精神生活也有了可以追求的基础和条件，许多孩子自打出生便有富裕生活，又有家里几代人的宠爱，因此在孩子眼里这一切都是"理所当然"，认为家长应该提供自己生活所需的所有。随着孩子的成长，这种心理还会蔓延到孩子的人际关系中，孩子"索取"的会大于"给予"的，这样的孩子容易变得懒惰而且自私，会不自觉地从别人身上索取，也会将拥有的一切认为是"理所当然"。

孩子之所以会觉得拥有幸福生活是理所当然的，是因为孩子在生活中没有经历过挫折，没有为一件事或者想拥有的东西而经历辛苦去努力得到，因此孩子不明白拥有的一切都是需要靠双手来创造的。太容易得到的总是不被珍惜，对于孩子而言正是如此。其实我们可以发现，如果孩子一说出口便立刻得到的玩具总是不如百般央求得来的或者自己攒零花钱买来的玩具受重视，因为孩子在得到的过程中受到了挫折，也正是在挫折中，孩子明白了自己认为的"幸福"是被创造和需要努力才能得到的。所以作为家长，要让孩子适当经历挫折，并且在挫折中让孩子懂得收获，懂得幸福生活的来之不易，这样孩子才能学会珍惜，才能让孩子不断学习如何去创造幸福生活。

"爸爸，我想买那个新款的遥控汽车。"程程拉着爸爸的手对着超市货架顶层上的玩具说。

"你不是有汽车吗？买那么多干什么！再说你都这么大了，还玩这些啊。"爸爸笑着说。

"不行，我就要它！我就要！妈妈总是给我买我想要的。为什么你不行？你要是不给我买，那我去找妈妈要！"程程索性把头扭到一边去，还搬出了妈妈来"威胁"爸爸。

"那你说说，你为什么要找妈妈要啊？"爸爸问他。

"我想要我就找妈妈要啊，妈妈不是应该给我买的吗？"程程觉得自己想要的妈妈就应该理所当然地给他。

"妈妈才不像你这么小气呢！"

"可是我们为什么应该给你买呢？你看啊，我们的钱是我们自己辛苦上班挣来的，可是你呢，只要每天在家待着，其他什么都不用做，为什么我们应该给你想要的一切呢？"爸爸心平气和地对着程程说。

程程从来没有听爸爸说过这样的话，一时感到很新鲜。但是他还是坚持认为，父母给自己想要的一切都是应该的。

"可是我还没有长大啊！再说我是你们的孩子啊，给我买玩具不应该吗？"

"可是你不能因为你没有长大就要无条件地向我们索取啊！你看看我，如果不上班的话，那我就没有工资了，那这样的话，我也就没有办法给你买玩具买好吃的了。那你知道我上班都在干什么吗？知不知道其实上班很辛苦的啊？所以呢，你现在拥有的一切都是来之不易的呢，都是爸爸妈妈认真工作才能给你的。"爸爸一本正经地说着。

"那我怎么办呢？我又不能上班。所以我也没有办法自己买玩具了。"程程很沮丧地说。

"不是啊，你也可以用自己的努力来换取啊。比如在家好好表现，听家长的话，如果能帮助你妈妈做点家务什么的也可以啊。"爸爸给程程"支招"。

"对啊，那我就好好表现，这样爸爸就可以给我买玩具了吧？"程程开心地说。

"嗯，如果你表现好了，我可以考虑哦！"爸爸笑着说。

案例中的孩子认为向父母开口要玩具是一件非常正常的事，而且父母也理所当然地应该给孩子买。但是爸爸却并没有轻易地满足孩子，而是让孩子在没有被满足的挫折中懂得了不劳无获的道理，让孩子知道如果自己想要得到就必须付出，任何幸福生活都是通过双手劳动和付出才能获得的。而孩子也为了得到玩具，在面对爸爸制造的"挫折"中学会了依靠自己的双手去争取自己想要的。

家长总是想给孩子一个单纯美好的世界，就算自己过得辛苦或者不如意也尽量给孩子一个阳光幸福的生活环境。因此在很多孩子的心目中，父母如同圣诞老人般会给自己想要的一切，而得到这一切都是理所应当的，在父母的"保护"和"隐瞒"之下，孩子没有经历过多的挫折，对不幸没有过深的体会，也很少体验过用自己的劳动来获得自己想要的东西，因此孩子对用自己双手创造幸福没有过多的概念。而现在的很多人在工作中也会不断抱怨，没有正确的就业观和择业观，或者不停地"跳槽"、不停地失业，其实也是从小没有培养依靠双手创造幸福生活的理念，在挫折和困难面前没有足够的能力和勇气去面对，因此在挫折中也更容易失败，更容易失去信心，遭受打击。

小芳的爸爸经营着一家餐厅，在小芳即将升入高中的那个假期，爸爸决定让她体验一次"打工"经历。

"我去给你打工？"小芳听说爸爸的提议后很是惊讶。

"是啊，怎么不行啊？你长这么大了还没有自食其力过呢，你可以试试啊，正好还可以知道我每天的工作，你以为你这么多年享受的一切都是大风刮来的啊！"爸爸对小芳说着自己的用意，他是希望小芳在自己工作的过程中能够明白生活的来之不易，也希望她能在辛苦的工作和挫折中学会坚强，能够从容应对困难。

爸爸没有给小芳任何"特权"，而是让她从洗碗开始，和其他人一视同仁。第一天的时候，小芳不小心打碎了两个盘子，爸爸也一清二楚地记在账上，表示要从她的工资里扣除。小芳心里特别不舒服，"干吗这么认真啊！真是的，不就是两个盘子吗？至于吗？"不过看到爸爸一脸"无私"的样子，小芳也只能在心里叫苦。

"好累啊！"才两天就让小芳叫苦连天了，"原来自己挣钱这么辛苦啊。那爸爸要养活我们一家人该多辛苦啊。"小芳开始明白爸爸每天工作的辛苦。

"爸爸，我明天可以休息一天吗？"手疼脚疼的小芳终于忍不住求爸爸"通融"一下。"不行，才三天，不是说好五天才休息一天的吗？""老板"丝毫不动容。

"可是我很累啊！"小芳说。

"我也很累啊！可是这是工作！"爸爸丝毫不退让。

"如果你想得到你要的，那就必须付出努力，如果一遇到困难就放弃，那么你只能失去得到你想要的东西的机会和能力。今天我可以让你休息甚至可以无偿让你得到这些，但是以后恐怕没有人给你这样的好机会。"爸爸认真地说道。

小芳听完爸爸的话，也是郑重地点了点头。

"嗯，好的。我知道了。那我现在回去工作。而且我一定能坚持到底的！"

一个月结束了，当小芳拿到自己辛苦得来的工资时由衷地感叹道："生活真是不容易啊！"

爸爸对她的表现很满意："嗯，不错，坚持工作，而且没有轻易因为困难而退缩，以后要继续努力！"

案例中的爸爸用"实战"来代替说教，在实践中让孩子懂得了通过战胜挫折来创造幸福生活的道理。爸爸在工作中对女儿不偏不袒，没有给她任何特权，而是让她在劳动付出和挫折困难中懂得道理，在自己克服困难的过程中学会坚强。

生活中不可能没有挫折，孩子在一次次克服挫折的过程中才能体会到生活中幸福的来之不易。

让孩子经受短期的挫折
比速成的成功更有利

孩子是需要鼓励的，成功就是对孩子很好的鼓励方式之一。但是如果成功来得太过容易或者太过迅速，那对孩子来说，其意义却并不比短期的挫折更深刻。

成功可以给孩子带来喜悦和满足感，让孩子觉得自己的付出是有回报的，但是速成的成功因为没有艰苦奋斗的过程，因此也不会让孩子有来之不易的感觉，所以这种成功被珍惜和受重视的时间不会太长，而孩子也将会在不久的时间里将这些成功遗忘。成功除了可以带给孩子喜悦和幸福外，还可以给孩子提供成功的经验，让孩子收获一种成功的方法，而速成的成功就像是轻易获得的"奖励"，所以反倒不如难忘的失败更让人记忆犹新。

鑫鑫从小就是个"坐不住"的孩子，还没学会走路就在家里爬来爬去"翻箱倒柜"地干坏事了，爸爸妈妈甚至怀疑孩子是不是患有"多动症"了。

上了幼儿园的鑫鑫还是一样"闲不住"。爸爸为了让孩子能够变得安静一些，于是就想找个事情给鑫鑫做，好让鑫鑫能够"安静"下来。于是对鑫鑫说："鑫鑫，来，我教你读诗好不好？"鑫鑫一听来了新鲜感，于是抛下手里正在"拆卸"的玩具，开心地跑了过来。

"来，那你坐在这，安静一点哦，用心来学。"爸爸叫鑫鑫安静地坐下来，"来，我读一句，你读一句啊。"

"嗯，"鑫鑫高兴地回答。

"危楼高百尺，手可摘星辰。"爸爸念道。

"危楼高百尺，手可摘星辰。"鑫鑫跟着说。

"不敢高声语，恐惊天上人。"

鑫鑫跟着爸爸一遍遍重复着这四句诗，不一会儿，他就胸有成竹地对爸爸说："爸爸，我记住了！"

"哦？这么快就记住了？那好，那你来背一遍，背不出来那就继续安安静静地给我坐在这儿背。"

"危楼高百尺，手可摘星辰。不敢高声语，恐惊天上人"鑫鑫不等爸爸说完，一口气就背完了一首诗，"怎么样？我没骗你吧！这么简单，我才不要跟你坐在这儿呢！"鑫鑫说完就跑开了，继续他翻箱倒柜的乐趣。

爸爸见他的第一个方法就这么失败了，于是很快又想出第二个办法。

一天爸爸回家后神神秘秘地对鑫鑫说："来，鑫鑫我给你一个好东西！"说着从身后拿出一个大大的包装盒。"哇，这么大一个积木！真好看！"鑫鑫特别开心，他的个性是看见新的玩具就忍不住跳了起来。三下五除二就拆了包装，跑到阳台上开始摆弄了。爸爸看着一本正经认真摆弄着积木的鑫鑫偷偷地笑了。

"鑫鑫吃饭了。"半个小时后妈妈叫鑫鑫吃饭，可是平常在家里总是搞得鸡犬不宁的鑫鑫竟然闷声不响地低头摆弄着积木。

"我待会吃。我要把这里摆出来。我怎么总是安不上呢？"鑫鑫自言自语地说。

接连几天，鑫鑫都在研究他的积木。他有些沮丧地对爸爸说："爸爸，我怎么总是弄不好呢？我是不是很笨啊！"

"哪有啊！这不是笨，鑫鑫，你需要学会静下心来做一件事，这样才能安静地思考，才能想出解决问题的办法。这两天你已经进步很大了。"

案例中活泼好动的孩子总是"闲不住"，爸爸为了磨炼孩子的性格想出诸多办法。但是第一次教孩子"读书背诗"很快就失败了。因为孩子在学习的过程中轻易成功，没有遇到挫折，因此孩子没有意识到自己性格中的缺点和自己需要改正的问题，这对孩子的成长来说并没有过于深远的意义。相反，孩子却因为这轻而易举的成功可能滋生骄傲的心理，因此这对完善孩子性格没有大的作用。但是案例中的孩子却在积木带给他的挫折里改掉了"闲不住"的毛病，在和积木的"博弈"中孩子学会了安静地思考，因此挫折对孩子来说要比很快记住的一首诗效果更加明显。在挫折中孩子能够发现自己的问题，也在解决问题的过程中孩子学会了思考，在思考中孩子变得成熟，取得了进步。

每个人都喜欢成功，渴望成功带给人的成就感。但是容易得到的成功却容易让人变得过度自信，失去了危机意识，前进的脚步也会受阻。而看惯了鲜花和掌声的孩子，内心也会变得十分脆弱，经不起失败和打击，一旦遭遇挫折孩子会更加容易放弃，意志力非常薄弱，解决问题的能力低下，这对孩子的成长来说是很不利的。所以作为家长在孩子面对成功时，除了鼓励和表扬外，还需要提醒孩子保持清醒，不要在简单的成功中失去清醒的判断和前进的动力，要学会"居安思危"，教孩子不过分沉溺在成功的喜悦中而忘记改正缺点。

当孩子经历挫折时，会出现失望、沮丧、紧张、压抑等负面情绪，挫折让孩子意志消沉，也让孩子看到自己性格中的缺陷。在克服困难的过程中孩子的意志力、勇气以及解决问题的能力都得到了充分的锻炼。意志薄弱的孩子可能在挫折面前选择消极对待，甚至还会放弃努力，这样的孩子在人生之路上很有可能永远都无法获得成功。如果孩子适当经历短期的挫折，会让孩子的内心变得坚强，在面对困难时不会过分沮丧和紧张，而是寻找解决问题的办法，努力克服困难，并在一次次的挫折中积累经验，在今后的人生路上能够走得更长远、更成功。

当孩子经历挫折时，家长要做的事就是要教育孩子保持正确的心态，积极乐观地面对生活中的挫折。挫折的意义在于让人成熟和睿智，而不是让孩子变得消沉丧失信心，甚至一蹶不振。家长也可以给予孩子适当的指导和帮助，和孩子一起克服困难，让孩子在挫折中体验真情，在挫折中学会善良和帮助别人。为孩子"包办一切"的家长是不明智的，虽然给了孩子看似平坦阳光的成长之路，但是会让孩子失去锻炼意志力和勇气的机会，也会使孩子失去成长的机会。

上小学的时候，小亮的学习成绩一直不错，上了初中后的几次月考，他还保持着班级前五名的好成绩。爸爸妈妈非常开心，小亮自己也是很得意。

"小亮，快考试了，你怎么还在看电视啊？快点，快去复习。"妈妈提醒正在津津有味看着篮球赛的小亮，可是他好像并没有听到。

"听到没有？快去啊！"妈妈提高了声音，没想到小亮却漫不经心地说："急什么！哎呀，妈，那么简单的考试有什么好怕的！你放心吧，肯定没问题的。"

"小亮，你在干吗？快起来，这是上课，你怎么能睡觉呢？"老师一语惊醒了正在和周公约会的小亮。"干吗啊，不就是一节课嘛！书上的内容又不难，我看看就够了。有什么难的啊！"小亮一边小声嘀咕，一边揉着惺忪的睡眼。

月考很快就到了。小亮满怀信心地等着试卷。可是成绩排名出来后，他着实吓了一跳。别说是班级前五名了，他竟然跑到了班级二十几名。

"这怎么可能呢！"小亮简直不能相信自己。

"这怎么不可能！你看看你最近的学习状态！这样的成绩也是意料之中了。"爸爸对小亮说，"前几次小小的成功就让你失去了理智，变得骄傲自满，你看，这不是失败了吗？"

小亮不说话，低着头也在思考。爸爸继续说："有时候太容易得到的成功反而就像'糖衣炮弹'，让你在喜悦中失去理智，阻碍你前进的步伐。这次失败也未尝不是件好事，能让你意识到危机的存在，不要放弃努力。"爸爸的话让一直沉浸在喜悦中的小亮明白了速成的成功的危险，也让他拥有了正视挫折和战胜挫折的勇气。

正如案例中的父亲所言，速成的成功有时候就像"糖衣炮弹"，让孩子沉浸在成功的喜悦中而变得骄傲自负，同时也变得脆弱，当真正的挫折打击来临时，没有足够的能力和勇气去面对，这是不利于孩子健康成长的。所以家长要帮助孩子在短暂的挫折中历练自己，在速成的成功中提醒自己，帮助孩子健康成长。

第2章　授之以渔，让孩子在克服逆境中学会解决问题的方法

引导孩子主动反省，在总结中得到成长

小美是家里的独生女，被爷爷奶奶娇惯得很自私。小美的妈妈发现女儿出什么差错都不想想自己的问题，总是责怪别人，惹得很多人都不高兴。小美上小学后自私的性格还是没有一点变化，这时小美的妈妈意识到是该教她认识到自己的问题、学会承担自己的责任的时候了。

小美长得很可爱，身材也非常好，跳起舞来真的很好看。

有一次，小美要在周六去参加学校的舞蹈比赛，她在这个比赛中得冠的可能性非常大。

周五晚上小美像平常一样放学回家后看起了自己喜欢的电视剧，但是小美忘记了自己明天要参加比赛，爸爸妈妈要睡觉了她还不睡。这天，妈妈便硬着心肠没有训斥女儿，没有强制女儿关电视睡觉。小美自己也没有意识到自己的错误，一直看到晚上11点才睡。

周六早上，小美睡到9点多才起床。

"妈妈，你怎么不叫我起床，今天不是有舞蹈比赛吗？"小美醒来后哭着说，"这可怎么办？比赛8点就开始了，我现在去肯定来不及了，都怨你，都怨你！"

小美的妈妈看她这么说，便和小美讲道："你都这么大了，自己的事情自己不会安排吗？昨天看电视剧看那么晚，你不知道你今天肯定会起晚吗？睡觉的时候不知道定个闹钟吗？非得等着别人叫你啊？"

"自己的事情总是埋怨别人，谁能总帮你？谁能总让着你？这样下去没有人会喜欢你的。"小美的妈妈教育女儿道。

"嗯，妈妈，我知道错了，你快带我去学校吧，不知道还能不能赶上我的比赛次序。"小美哭着说。

小美的比赛次序是第二名，可是她迟到了一个小时，可想而知她没有赶上比赛。

回到家后，小美伤心地哭了很久。

妈妈安慰女儿道："如果你能从这次失误中找到自己的问题，那你会比在这次比赛中获奖还让妈妈高兴，别哭了，小美这么优秀，以后还有很多获奖的机会呢。"

"妈妈，我知道我自己的问题了，自己的错误要自己承担，不能总依靠别人，推卸自己的责任，以后我做错事会自己反省的！"小美抹着眼泪对妈妈说。

故事中的小美之所以不讨人喜欢，一直不能有所改变就是因为她不懂得发现自己的问题，而有的孩子能够不断地进步，改变自己，变得讨人喜欢，就在于他能够不断地自我反省，找到自己的缺点或者做得不好的地方，然后不断改正。以追求完美的态度去做事，从而赢得别人的赞赏。自我反省是孩子成长的一个秘诀。一个不会自我反省的孩子永远也长不大。引导孩子自我反省就是在发现孩子犯了错误后，父母要在对待孩子的态度上表现出沉默、静候的状态，让孩子通过父母的态度意识到自己行为的错误。一段时间后，再抓住一个适当的时机对孩子进行教育。孩子通过反省可以及时修正错误，不断地调整信息系统接收信号的灵敏度和准确度，以确保信息系统不出现紊乱。学会自我反省的孩子，就等于掌握了自我完善和健康成长的秘方。

善于自我反省的孩子往往能够发现自己的优点和缺点，然后扬长避短，发挥自己的最大潜能；而不善于自我反省的孩子，则会一次又一次地犯同样的错误，不能很好地发挥自己的能力。

父母一定要重视培养孩子自我反省的能力。如果每个孩子在做事的时候都持有自我反省的态度，并付诸行动，这样他们就能实现自己的愿望。

因此家长要注意从小培养孩子自我反省的好习惯，教孩子学会总结自己的行为。下面一些培养孩子自我反省习惯的方法供家长参考。

1.让孩子学会自我批评、接受别人的批评

每一个孩子都喜欢受到表扬，而不喜欢受到批评。但是，一个人应该学会坦然接受批评，这对于孩子的成长是有好处的。首先，父母应该让孩子学会接受别人的批评，自己不容易发现自己的问题，但是孩子周围的人能很快地发现孩子的问题，如果教孩子学会坦然面对别人的批评，及时做出改正，这样不仅能够塑造孩子完整的人格，而且可以帮助孩子在其他方面取得成功。其次，家长要让孩子学会自我批评。虽然别人容易发现问题，但并不是每个人都愿意直接指出孩子的问题，因为批评不喜欢听自己缺点的人是有风险的。而且别人有的时候并不能真正理解孩子的想法，可能对孩子行为的批评是有偏差的。所以，家长不能总依靠老师和同学主动指出孩子的问题，还要教孩子学会自我批评。总之孩子对于别人的批评要本着有则改之，无则加勉的态度虚心接受，对于自己行为的反思要客观，不能放纵自己，要严于律己，宽以待人。

2.让孩子对自己的行为做出解释

当父母不认可孩子的某些行为的时候，不能按照自己的想法一味批评孩子，只关注他们的缺点，让孩子按照家长的观点自我反省，而是应该允许孩子做出解释。有时候，父母的批评往往是根据自己的推断进行的，事实上，孩子确有原因去做一件事情，因此，父母如果允许孩子对事情做出解释，不仅可以更全面地了解事情的真相，而且还可以引导孩子进行自我反省。比如，为什么他的行为会受到别人的不认可，是不是哪里做得不好等。教孩子自我反省并不等于让孩子只看到自己的缺点，完全否定自己，而是要让孩子认识到自己的长处和短处，学会扬长避短。

3.让孩子学会总结经验教训

总结经验教训事实上就是对自我行为的一种反省。当孩子直接感受到行动与结果之间有某种关系后，他们往往会先想一想再采取行动。孩子们可能会对自己的行为有一个预先的评价，看是否会出现他们预料的结果，如果结果正如他想的，那么他会继续这么做。如果结果与他想的不一致，孩子就会总结经验教训，调整自己的想法，这也是一个人做事的一种反应机制。

例如，一个孩子用打架来解决与同学之间的矛盾，父母最好不要把自己的价值观强加给孩子，而是要善于引导孩子进行总结。当孩子因打架被打伤的时候，父母不要这样说："我早就跟你说过了，你就是不听，现在尝到苦头了吧？""不听老人言，吃亏在眼前，说的就是你这种人呀！"这种论调只会加强孩子的逆反心理。父母应该对孩子说："怎么会出现这种结果呢，你好好想一想，如果用妈妈跟你说的方法去做，结果会怎样呢？""有时候，你需要听听他人的意见，这样就会避免一些问题。"如果孩子在打架上吃了亏，他就会想："上次我感到生气的时候是用打架来表达我的愤怒的，结果我被别人打了。那么下次发生这样的情况时，我该怎么办呢？我不用打架可以吗？是不是有更好的解决方法呢？"

当孩子学会总结经验和教训的时候，他就已经学会自觉地进行反省了，就不会再做让自己"吃亏"的事情了。

教孩子遇到难题多问几个"为什么"

小石是个不爱说话的孩子，碰到什么难题都自己一个人闷着，不愿意请教老师和同学，也不愿意问爸爸妈妈。

为了能让儿子变得开朗点，小石的妈妈便在暑假给他报了夏令营。去夏令营之前妈妈嘱咐小石："小石，妈妈就不能陪着你、照顾你了，遇到什么难事你就要主动去请教老师，多和同学们讨论讨论该怎么办。不要害怕问别人也别怕丢人，遇到难题多问问别人，相信小石一定能把难题解决的。"

到了夏令营后，小石果然不能立刻适应这里的生活。教练会让他们学游泳，学攀岩，学射击……都是小石以前从来没有接触过的东西。

教练教大家游泳的时候，小石离教练很远没有听到下水游泳的要领。教练讲完大家都下水了只有小石还站在岸边不敢下。

孩子们都在水里玩得很高兴，教练看到小石站着不动有点不高兴了，问："你为什么不下水？"

"教练，我没有听到你讲的游泳要领，不敢下去。"小石吞吞吐吐地说。

"哦，人太多，你要是离得太远肯定听不到，"教练松开了眉头对小石说，"那你该立马问问教练的。"

听懂要领后小石也下了水，但仍不怎么会游。看到自己旁边有个男孩游得很自如，小石想起妈妈的话便鼓起勇气去请教那个同学。

"同学，你游得真好，可为什么教练和我讲了游泳的要领，我还是不会换气？你能教教我吗？"

同学停在了水里，给小石演示起了动作。

在看同学演示的过程中，小石终于发现了自己的毛病，之后小石便经常请教这个同学，逐渐自己也学会了正确的游泳方式。三天后，小石也能很自如地游泳了。

半个月后，夏令营结束了。

"妈，夏令营真好玩，我都舍不得离开那帮朋友和教练。"小石回到家后像变了个人。

妈妈会心地笑了：看来小石真的变开朗了。

就像故事里的小石一样，每一个孩子在生活和学习中都会遇到各种各样的问题。对于简单的问题，可能会轻而易举地解决，而对于较为复杂的问题，要想得到很好的答案，则不是很容易的事。但是孩子遇到问题不能够拖延，也不能放弃，而是要抓住已有的线索，追根问底，多问几个为什么。只要孩子善于发问，善于思考，问题就能最终得到解决。

无论是在学习上还是在生活上，只要孩子遇事多问几个为什么，找到问题的真正根源，针对根源采取相应的措施，问题也就迎刃而解了。也只有从根源上把问题解决掉，以后孩子再遇到这样的问题才不会痛苦烦恼，无法解决。现在，很多孩子缺乏的就是一种对问题的追根寻底、多问几个为什么的精神。比如有一部分孩子在学新技能的时候不想着真正吃透技巧，学到真正的本领，而总是在应付老师和家长，这样的孩子永远不会主动学习，主动问别人为什么。还有一部分孩子在对待问题的时候喜欢自以为是，同样缺乏了一些多问几个为什么的精神。所以在孩子心理逐渐成熟的过程中，家长要教孩子遇事多问几个为什么。下面一些如何引导孩子多问为什么的育儿方法供家长参考。

1.教孩子思考为什么这个问题会发生在自己身上

每个孩子在成长中出现的问题和毛病不一样，所以他们在生活和学习中遇到的难题也不同。这就需要家长在孩子遇到难题的时候让孩子思考思考为什么自己会遇到这个难题。

比如，孩子经常丢东西，经常会生病，经常受伤，等等，这都是由于孩子生活习惯存在不合理的地方，所以需要家长引导他们进行改正。在这个过程中，家长应多用"你有什么好的主意？""你觉得应该怎么做？"等提问，让孩子感到自己有责任去思考如何解决自己的问题，改正自己的生活习惯，健全自己的性格。让孩子多问问自己为什么，能够让孩子懂得以后再碰到类似事件该如何解决。

2.启发孩子思考为什么自己会重复犯某个毛病

当某个问题总是反反复复地发生在孩子面前时，家长就要想办法引导孩子思考为什么自己会不停地犯同一个错误。家长首先要让孩子了解事情的整个经过，有针对性地帮助孩子认识某个问题的前因后果，产生问题的原因，为什么自己没有改变问题的结果。一个环节一个环节地帮孩子分析，这样他就能发现自己做得不对的地方在哪里，从而就能改正自己的解决问题的态度和方法，懂得如何避免这个问题，向别人虚心求教。

3.让孩子分析为什么自己采用的某些解决方法没用

莹莹在游戏场里荡秋千，冬冬见莹莹在秋千上玩得乐不思蜀，他也想玩，但莹莹就是不肯下来。

"莹莹，你玩了好长时间了，我也想玩，你给我下来！"冬冬和莹莹说了好久，莹莹还是不肯让给冬冬玩。

没办法，冬冬只得向妈妈求助，希望妈妈叫莹莹下来，让自己也能玩一会儿。

"莹莹，冬冬看你荡秋千羡慕得不得了，莹莹是个懂得谦让的好姑娘，你就下来让他玩一会吧。"冬冬的妈妈和莹莹商量着说。

莹莹听冬冬妈妈这么说便把秋千让给了冬冬。

"冬冬，你知道莹莹为什么不肯答应你的要求吗？"妈妈问到开心地玩秋千的儿子。

冬冬停了下来，十分不解地摇摇头。

"因为你说话太不礼貌，你在用命令的口吻和莹莹说话，所以她很不开心，当然不会愿意把秋千让给你玩。"妈妈给冬冬分析道。

故事里的冬冬遇到难题不愿意自己分析，而是想通过父母帮自己解决。其实父母经常帮孩子解决麻烦不利于孩子思维和能力的成熟，也容易纵容孩子一遇到困难或麻烦，就本能地找父母或老师解决的习惯。孩子之所以喜欢找成人解决问题，主要是他们不会分析解决问题的方法，不知道为什么自己的解决方法没有用。其实孩子在很多时候要比成人想象中更懂道理，只要父母注意引导孩子逐渐就能对自己的行为进行分析，下一次，孩子就能自己处理好类似的难题。

鼓励孩子第一时间直面困境

大伟是名初中生，留着一头非主流的发型，在学校不好好学习，像小混混一样，还总是故意和老师作对。

其实大伟小的时候并不是那样，是个很乖的孩子。因为妈妈的粗心大意，大伟三岁的时候右耳被烧伤，结果留下了很大的一片伤疤。大伟小的时候，不怎么在意自己的伤疤，上了小学后大伟就开始嫌弃自己的耳朵了，可是一直没有什么好的办法可以去掉自己耳朵上的疤。

大伟上了初中后，父母仍然不注意儿子的心理变化，一直没有看出他的心思，任由儿子胡思乱想。

"两只耳朵不一样真是难看，我怎么才能让同学们看不到？"

"对了，留点头发就能遮住……"

"该留什么发型呢？男生的发型都很短啊，我留太长的头发也很奇怪……"

大伟去了理发店看到里面有一种比较长的发型，正好可以遮住自己的耳朵，就是整个发型看起来像"鸡窝"一样。大伟让理发师给自己弄了这个发型后心满意足地回去了。

"大伟，你怎么回事？怎么理了一个这么难看的发型，快去剔成小平头……"大伟的父亲一看到他的"鸡窝"头就大发雷霆。

"为什么？我就喜欢这种发型，我不去。"大伟坚持自己的想法说道。

"这发型有什么好？看着就像个小混混，学校老师也不会让你留着的，到时候老师让你剪，看你还敢不敢不听话。"父亲威胁儿子说。第二天去了学校老师果然严厉地批评了大伟："学生就应该有学生的样子，你要是想当小混混就别来上学了，下午把你的家长叫来。"

大伟哭着自言自语道："我就是不想让别人看到我的耳朵而已，他们干吗这么针对我。"因为害怕父亲又对自己冷嘲热讽，所以大伟不敢把父亲叫到学校，只好硬着头皮去了学校，一直躲着班主任。在班主任的训斥下，大伟变得每天和老师顶嘴，真的成了一个不好好学习、每天打架的小混混。

在孩子成长的不同时期他们都会面临各种各样的逆境，有的孩子能乐观看待，有的则可能一蹶不振。看待逆境的不同反应，究其根源在于家长儿时对孩子的教导。

孩子面对逆境振作起来的能力叫作逆境商。在具有相差未几的智商和情商情形下，逆境商对一个人的人格完善和事业胜利起着决定性的作用。一个人的逆境商越高，越能化危机为转机。孩子以后想要获得成功必须具备智商、情商、逆境商这三个重要的因素。高智商的孩子并不意味着事业胜利，只有同时具有高情商、高逆境商的人才能事业有成。

作为父母，不仅得想如何给孩子创造一个好的物质环境，同时也应注意给孩子一个良好的精神环境，包括满足孩子的情绪、心理等方面变化的需求。在孩子遇到困境而伤心、自卑的时候要鼓励孩子直面挫折，让孩子第一时间放下自己的心理压力，勇敢地采取措施战胜困难。如果家长不懂得培养孩子逆境商，那么这样养大的孩子在面对困难的时候就会不知所措、轻易退缩、不求上进。下面列出了一些鼓励孩子第一时间直面困境的方法供家长参考。

1.用"同理心"面对孩子

每个年龄段的孩子都有不同的困难和挫折，他们所面临的逆境在成人眼中也许根本不值一提，但对于孩子却是莫大的难题，父母要用和孩子一样的心理来看待这件事。比如孩子养了许久的宠物忽然丢失或死亡，对于孩子们来说是无法接受的，父母和孩子一起悲伤的同时要告诉孩子生命的规律，帮助孩子从悲伤中走出来，切忌嘲笑和不屑一顾。

2.给孩子心理暗示

在孩子面对困境的时候，不怕孩子胆子大，因为勇敢的孩子会越挫越勇，就怕胆小的孩子没有勇气直视困难，自卑，不相信自己的能力。所以家长要经常给孩子心理暗示，全面认可孩子的能力，提升孩子全面发展的各种指数。困境通常出现在孩子能力比较薄弱的地方，所以在孩子遇到困境的时候要肯定孩子表现好的地方，给予孩子勇气，多鼓励孩子，让孩子把自己低落的情绪重新提起。在对孩子鼓励时，家长可以夸大孩子的某种能力，比如，夸大孩子的智商、情商、才干商、体能商等，暗示他们一定能从困境中走出来。教孩子学会期待，例如：孩子得不到满意的成绩时，家长要告诉孩子下次再认真点就会好，让孩子看看自己以前成功的考试纪录。

3.教孩子不怕吃苦

想要成功走出困境，孩子一定要付出比以前更大的努力。很多孩子不愿意直面逆境就是害怕吃苦，所以家长只有培养孩子不怕吃苦的心理，才能使孩子在遇到困难的时候直面逆境。家长不能由着孩子任性、自私、怕苦、怕累的性子，必须从小给孩子定下规则、定下任务，让孩子按时完成。家长可以鼓励孩子每天跑步、做家务、记英语单词等，通过这些小事就可以培养孩子能吃苦的精神。另外，不要轻易满足孩子的请求，要让孩子清晰地认识到：想得到一个东西，必须自己付出。只有经过自己努力获得的东西，才是最好的，最值得爱护的。

让孩子明白：逆境+思考+进取=顺境

娟娟总爱和别人比较，有时候会和同学比谁的衣服漂亮，有时候会和同学比谁吃过的东西多。不过娟娟不仅和别人比物质的东西，也会和别人比谁的学习好，谁的朋友多……但是娟娟每次和别人比较下来的结果都是自己的东西不好，自己的生活很不顺。

丽丽是娟娟的同桌，娟娟很爱和她比考试成绩，但是娟娟每次都比不过丽丽。

"我也很认真地听老师讲课，为什么我总是没她考得好呢，看来我真是没有考试运。"娟娟回家和妈妈抱怨道，"妈妈，是不是我的生辰八字不好，所以没有考试运？"

"傻孩子，你的考试成绩怎么会和生辰八字有关？你小小年纪怎么这么迷信。你要是相信妈妈，就听妈妈的话，妈妈下次一定让你超过她。"

娟娟的妈妈帮她把这次的考试卷子分析了一下，让娟娟找出了自己在学习上的问题。虽然她上课也认真听讲了，但是并没有把课堂上的知识完全消化，娟娟仅限于听懂了课本上的知识，听懂了老师的解题方法，可一到自己做题的时候总是做得乱七八糟，没有清晰的思路，答案总是不能完完全全准确。

"娟娟，你要是想下次考试超过丽丽就要认认真真地多做些题，首先要把老师布置的作业都独立完成，这是基本的练习，然后把自己以前考试做错的题都总结出来再重新做一做，看看自己能不能一分不差地完成。"妈妈给娟娟建议道。

经过一个月的训练，娟娟在月考的时候终于有了进步，名次进步到了第十名，还超了同桌丽丽两名。

"妈妈，看来以前不是我没有考试运，而是我不会把自己的逆境转变为顺境，以后我再也不会说自己运气不好了。"娟娟开心地和妈妈说道。

孩子能否成才和他的成长环境有着密切的关系，这是毋庸置疑的。良好的环境，即所谓的"顺境"，有着成才所需要的各种条件，有利于孩子的进步和成长，有利于造就人才。反之，恶劣的环境，即所谓"逆境"，处处限制了孩子在学习与事业上的努力，不利于孩子的进步和成长。

可以这样说，没有起码的环境条件，多么聪明的孩子都不可能成为人才。然而，我们也不能认为在顺境中就一定能成才，在逆境中就一定不能成才。我们必须辩证地看待逆境，事实上，有的孩子，家庭为他提供了优越的物质条件，学校为他提供了良好的学习环境，社会也有各种成才的机遇，但是，由于他游戏人生，不思进取，不愿付出劳动和汗水，最后只能虚度岁月，一事无成。而有的孩子虽然所处的客观环境较差，不是得天独厚，但由于他能在"逆境"中磨炼意志、发愤图强，终能获得成功。为了把自己的孩子培养成人才，家长必须努力为孩子的成长创造和提供尽可能好的物质和文化条件。

孩子成长的环境不可能只有顺境而没有逆境，重要的是孩子如何把逆境转为有利于自己成功的顺境。为实现孩子成才的愿望，家长要从小教给孩子一些改变自己周围环境的方法，培养他们改变逆境的能力。下面列出了一些让孩子通过思考和进取精神改变逆境的方法供家长参考。

1.教孩子学会理智地分析逆境

战胜逆境，首先家长要让孩子辩证地认识逆境，按照具体问题具体分析的方法理智地分析自己所面临的逆境。各种困难和不如意的事情会随时进入孩子的生活，如丢东西、考试不如意、生病、心情不好等都会在精神上给孩子打击，这就需要孩子能理智地认识自己所处的环境，家长要告诉孩子之所以自己在某方面遇到困境是因为自己在平时做得不够好，就像"生病"一样，不可能无缘无故地生病，要早治疗。孩子越早发现自己的毛病和缺点越能有充足的时间改正弥补。所以家长要让孩子相信只要自己在精神上有一种积极抗争的劲头，逆境就可以磨砺自己，催人上进，同时能够获得成功。

2.调动孩子积极进取的情绪

陷入逆境时产生的灰心、颓废等情绪只能使孩子沉沦下去，所以家长要鼓励孩子奋然而起，调动孩子积极的情绪让孩子迎战困难。

在逆境中，只要家长经常鼓励孩子，孩子就能焕发乐观主义精神和奋斗精神，坚韧不拔，在逆境中保持清醒头脑，刻苦自励，锐意向上。在任何不利的情况下，如果家长能发掘和调动起孩子的积极情绪，化消极因素为积极因素，孩子就能将逆境转变为顺境。比如，孩子因为肥胖而自卑，家长鼓励孩子减肥时可以说："你的性格很好，肥胖并不能完全阻碍你的魅力，但是如果你的身材再好点就能给大家更加舒适的感觉，如果你晚上能控制一下自己的食欲一定能办到的。"这样孩子就不会一直沉沦在自卑的情绪中而能够为达到一个目标而开心地减肥。

3.让孩子正确理解命运

命运指生命的经历。命指生命，运即经验历程。宿命论者相信命运不可以改写，因为人不可窥探预知命运，命运存在于任何角落，只是无法接触。有的孩子认为眼前的现实就是自己的命运，不能正确理解命运，所以他们没有改变逆境的动力。其实命运并不指现在而是指改变不了的过去和充满变数的未来。过去和未来的命运都是由自己的性格和能力造成的，改变过去不好的命运，创造美好的未来都得靠孩子现在的努力。只有孩子懂得根据自己以前的生活经验发现自己性格上的缺陷和能力上的不足，并极力改正，这样他们才能把自己之前的逆境改变为顺境。所以家长在平时的生活中要注意教孩子正确理解命运，不要让孩子迷信，不要让孩子认为自己的命已注定如此，自己再怎么努力都是白费的。

教孩子学会分解难题

超超是一名刚上初一的中学生，开学不久后，在国庆假期期间，超超的老师看超超的学习能力和思维能力都不错，便给超超和几个同学分配了做社会调查的任务，让他们自己选主题来完成并任命超超为调查小队的队长。

但是超超上初中之前老师从来没有给他布置过这样的任务，他不知道从哪里开始下手，也不知道自己最终解决些什么问题。自从老师告诉超超这个任务之后他一直愁眉不展。

最后超超终于向自己的妈妈开了口："妈妈，老师让我们在国庆假期期间做一个社会调查，而且让我做小队长，但是我不知道做什么也不知道该选什么主题，你知道怎么做社会调查吗？"

"嗯，做社会调查这样的任务对于你们确实有点复杂，但是你首先不能害怕这个新鲜的事物，其实在以后的工作中是经常需要做调查这种任务的，它并没有什么难的，妈妈在工作中也经常需要做市场调查。"妈妈和超超分享自己的经验。

超超看着妈妈点点头。

妈妈接着跟超超讲到了具体的方法："既然我们超超成了这个调查小队的队长，那么这个任务的领导核心就是你，你需要将这个问题分解成几个小问题，明确所要调查的问题、目的、内容和方法，最后设计出一个完整的调查方案。"

"那我们国庆期间能调查些什么呢？我们初中生的知识面和懂得的调查技巧与方法并不多。"超超疑惑地问道。

"国庆期间是个旅游黄金期，很多人都会出去玩。你们学校的同学也一定会和爸爸妈妈出去玩的，而且一般都是孩子想去哪父母就会带孩子们去哪里，这样你们就可以调查一下最受你们学校学生欢迎的假期旅游胜地，看看大家都去哪里玩，你们可以总结出几个好玩的度假场所供大家下次出游的时候参考。"

"这个主题不错，同学们对旅游都很感兴趣！"超超激动地说。

"然后再和另外几个同学商量下，看看大家的意见再做合理的修改，最好按照设计方案一步一步地完成任务，这样你们就不会没有头绪，盲目地浪费时间调查不出结果了。"妈妈对超超提醒道。

"嗯，妈妈说得有道理，将复杂的难题简化后我果然觉得一下轻松了很多。"超超开心地说。

像故事里的超超一样，孩子常被一些问题的复杂性所吓倒，不能积极面对难题，不能成功地解决难题。其实这并不是因为他们没有足够的解决问题的智商，而是因为他们害怕麻烦的解决过程，孩子没有耐心，缺乏解决难题的能力。

但是随着孩子越来越大，他们所面对的问题越来越多，难度也越来越大，如果家长不注意培养孩子解决难题的能力，那么他们以后就无法独自一人生活，无法解决各种复杂的难题。作为家长，你是否尝试过，将这些吓倒孩子的大问题分解成一个个小问题来解决呢？如果家长能教孩子将大问题分解之后再进行分析和解决，每个小问题对孩子来说可能就会变得不再可怕，让他们采取各个击破的办法，这样问题就能轻而易举地解决。

在孩子的生活中，教会他们将问题化整为零，将难题分解，这对于他们的学习和生活都会有很大的帮助。通常将问题分解进而解决大致可以分为三个步骤：首先为理解问题。其次是将问题分解，设计解决问题的方案，选择最佳的途径。最后让孩子细化每个步骤，最终解决整个难题。下面列出了一些具体的教孩子将难题分解的方法供家长参考。

1.教孩子找出难题的核心，问题的主次方面

解决复杂问题的第一步就是将难题简化，先放弃无关紧要的小问题，在最短的时间内找出最核心的问题，集中力量解决主要问题。然后找出影响每个问题的主要因素和制约解决问题的所有条件。家长需要先培养孩子的思维能力和概括归纳的能力。

在具体的过程中，家长可以先让孩子理解问题，把问题的核心罗列出来，最好记录下来，以防在执行中遗漏。然后让他们按大小问题的重要程度排列从未解决的问题。

2.将核心问题分解成若干个小问题，设计解决方案

针对每个核心问题家长可以教孩子再进行分解，把一个大问题分解成若干小问题，仍然按照将复杂问题分解成若干简单问题的原则设计出完整的解决方案。

在解决方案中家长要教孩子如何进行规划设计，比如让孩子明确本次解决问题所要达到的目的，本次问题的内容，解决问题所要采用的方法和手段，在解决问题时所要利用的人和物，在解决问题时所要考虑的各种问题，

事先考虑解决问题时可能出现的各种意外情况……总之在解决方案中家长要让孩子把每个具体的步骤都明确，考虑周全。

3.培养孩子的执行力，执行解决方案

当孩子设计出具体的解决方案后，家长就要教孩子切实执行每个步骤。在这个过程中仍然需要孩子有耐心、能坚持、不怕麻烦。不过解决小问题所需的耐心和精力要比解决整个复杂的大问题要小得多。

在孩子执行方案的过程中最容易出现的第一个问题就是偏离方案，经过长时间的重复性工作孩子可能失去了大局意识，只顾眼前的小问题，小问题虽然解决了但是最终却偏离了整个大方案。第二个问题就是墨守成规，不能具体问题具体分析，执行条件和环境已经改变但是孩子的解决方案没有做调整而是采用了陈旧的解决方法，导致浪费孩子的时间和精力。所以在孩子解决小问题的时候，家长仍要教孩子时常站在全局角度回顾思考，时常检查自己执行方案的过程中是否偏离问题核心、是否采用了最好的分解办法，始终灵活应用，而不是一味死板地执行自己的原有方案。

教孩子学会合理制定克服逆境的方案

强强的父亲对儿子的教育投资可谓是倾其所有，什么益智玩具、各种类型的图书，只要孩子要求，他都会毫不吝啬地拿出自己的钱包。但是，有一次他却故意让儿子失望了。

强强跟爸爸一块去购物，儿子在玩具柜台选中了一款智能机器人，然后站在收款台前笑眯眯地看着爸爸，等着爸爸给他付款，因为以前爸爸总会很高兴地夸他，同意他的选择。但这一次，爸爸却故意告诉他没有带够钱，并以他不会使用这款智能机器人为理由拒绝了儿子的要求，儿子很失望。强强第一次感受到了不如意、不顺心的感觉。之后的几天，强强都很不开心，不能好好上课，总是想着那款机器人。

强强的父亲看强强情绪这么低落，始终调节不过来，便告诉他："人生不是所有的愿望都会得到满足的，你得学会忍受痛苦。"

"如果你能很好地了解这款智能机器人的构造和原理，爸爸就把他买给你。"父亲鼓励儿子去研究机器人。

听父亲这么一说，强强立马有了精神，又是从电脑上查资料，又是去商店拿说明书研究那款机器人。

一个月后，强强通过收集各种信息终于熟悉了想要的那款机器人的构造和原理。

"爸爸，我完全熟悉那款机器人了，你把它买回来吧，我肯定可以玩好了。"

父亲给强强把机器人买回家后，他果然可以熟练地操作，并可以让机器人做家务，帮妈妈扫地、拖地，让机器人给爷爷读报纸，帮奶奶浇花……

"爸爸，要不是你让我学习它的原理和构造，当时就是买回来我也玩不了。"强强十分感谢父亲。

强强的父亲故意不满足孩子的愿望就是在教他如何克服逆境，教儿子在逆境中成长。孩子在成长的道路上总得面对和忍受逆境的痛苦，然而有的孩子就能将逆境变为机遇，有的孩子则会在逆境中沉没。不同的孩子战胜逆境的渴望和能力就是他们的逆商，逆商是他们主宰和驾驭生活的基本欲望和能力。

逆商高的孩子不容易沮丧、不会轻易认输，逆商越高的孩子成功的机会越大。当孩子身处逆境时，他们畏惧的东西其实只有一个，那就是畏惧本身。如果家长能让孩子积极地面对逆境，理智地对待逆境，把逆境看作是一种成长的刺激，那么逆境反而会增强孩子在生活中的竞争力，让他们懂得如何战胜逆境赢得成功。在这个充满竞争的时代，几乎每个人都在学习"赢"的学问，所以父母需要从小灌输给孩子如何克服逆境获得成功的技巧和决心。

在生活中，很多家长往往没有意识到自己该怎么让孩子面对逆境、克服逆境，很多时候他们都是在亲手给孩子们挖陷阱。家长帮孩子度过了一个个的逆境，当家长不能给孩子帮助时，孩子就会在巨大的逆境中狠狠地摔一跤。这样的教育方式让孩子更加不敢独自面对逆境，不知该如何克服逆境。

"过分溺爱""无条件地服从""向孩子屈服"……这些都是父母无意间给孩子挖的"温柔的陷阱"。父母的错误引导，往往会使孩子走进成长道路上的误区：孩子摔倒了，家长马上去扶，孩子便会产生一种理所当然的想法，反正摔倒了有爸爸妈妈呢，于是他们往往会不计后果地去走路。无条件地服从孩子的所有要求，孩子从小便体会不到什么叫"挫败"，当他们真正遇到挫折时，便会表现出甚于常人的痛苦。孩子一"要挟"，父母便"屈服"，这往往给了孩子这样一种暗示：只要使用"手段"，任何目的都是可以达到的。

任何一个孩子都有沮丧、失落的时刻，他的考试可能会失利，他的要求可能会得不到满足，他的努力可能得不到回报，他的真情可能会被无情伤害……这些时刻，无论父母多么爱孩子，都无法代替他去经历失败的痛苦。每个人的路都需要自己来走，任何一个家长都不能陪伴孩子一生。因此，家长需要对孩子进行"挫折教育"，告诉他"跌倒了，自己勇敢地爬起来"，让孩子尽早学会面对逆境，才是父母最负责的教育态度，教孩子掌握克服逆境的方法，才是父母最明智的教育方式。下面一些教孩子学会合理制定克服逆境方案的方法供家长参考。

1.让孩子感受痛苦并正确认识逆境

在独生子女时代，每个孩子都强调"我"，不管什么东西，只要是自己想要的就大声要求，而有的父母也不管合理与否，就满足这种要求。家长的这种做法是不可取的，即使家长真的能满足孩子的所有要求帮孩子办好所有的事情，家长也要故意给孩子制造一些麻烦，让他们去面对困难。

孩子总得离开家长，总得自己去面对不顺心的事，所以平时父母要"狠心"一点，适当的时候藏起一半的爱。孩子不顺心的时候要顺其自然，不要替孩子遮挡一切风雨，要让孩子感受委屈痛苦。只有让他们体验挫折的滋味，他们的抗挫能力才会慢慢增强。另外，父母要有意对孩子进行挫折教育，让孩子正确认识逆境，积极对待逆境。比如，家长可以把自己事业和家庭生活中遇到的挫折和不如意告诉孩子，让孩子对挫折有一个全面的认识，为孩子正确对待各种挫折和不如意树立榜样。在这种情况下，父母对生活的热爱、执着、不怕困难的态度和坚强的意志，是孩子面对挫折时最强有力的精神支柱。

2.面对孩子的失败，家长要选择"袖手旁观"

显显在一次班级竞选中落选了，显显觉得很丢人，没面子。因为父亲和班主任是同事，和父亲很熟悉，所以显显想让爸爸试着去跟老师说说给他补个什么职务，照顾照顾他的"面子"。但显显的父亲没有这样做，他对儿子说："想做班干部，只有通过自己的努力去赢得同学们的认可，自己不行就别埋怨别人不选你。"

显显听父亲这么说更是感觉没面子，很是羞愧，但是他在日记中这样写道：这次竞选失败真的很打击我，爸爸的拒绝更是让我难堪，我以后一定要做到更好让他们都对我刮目相看。

在孩子面对逆境的时候，家长应该像显显的父亲一样选择"袖手旁观"。只有让孩子经受点挫折，只有让孩子自己从失败中走出来，他才会真正具备克服困难的韧性和耐力。对于孩子来讲，没有永远的"失败"，偶尔的"失败"也不是一件坏事，只有在失败后再站起来的人才是真正的强者。因此，父母要想真正地帮孩子，在他失败后，不妨多"袖手旁观"几次，激发孩子克服逆境的勇气和动力，帮他积累一些在输了以后学会赢的经验。

3.鼓励逆境中的孩子制定成功的方案

当孩子在逆境中时家长最需要做的就是鼓励孩子，引导孩子制定成功的方案。家长帮助孩子们制定成功的方案的具体步骤为：调整，挑战，承诺。

"调整"指的是一种心理上、情绪上的调整，是为了帮助孩子认识到"困难并不等于绝境"。例如，男孩在数学比赛中失败了，做父母的可以这样"调整"孩子的心态："我知道考得不好你心里很难受，但你的其他课程考得非常不错呀。"

"挑战"指的是给孩子一种心理挑战，让他学会在不高兴的事情中看到快乐的一面。例如，家长可以继续这样安慰伤心的男孩："一次考试不好，心里确实不好受。但妈妈知道你是一个上进的人，不管在什么考试中，你都会试图考得更好，妈妈相信你在下次的数学考试中一定能取得好成绩。"

"承诺"指的是用承诺的方式帮助孩子看到生活更为广大的目的和意义。例如，同样这个事例，家长可以这样说："你觉得考得不好让妈妈很失望，但其实，妈妈一直是以你为荣的。不管你考得怎样，只要你认真去考了，妈妈都为你感到骄傲。"

通过调整、挑战和承诺，孩子的心理肯定由失落、伤心变为激动、充满动力。事实上，家长鼓励孩子克服困难和挫折的关键，就是对孩子的努力行为做出正确的评价，让孩子能够正确评价自己的行为和结果之间的关系。

第3章
帮孩子合理宣泄"坏"情绪
有利于应对逆境

教孩子用大哭和抱怨发泄痛苦

小新是学校田径队的队员，他特别喜欢体育，也经常代表学校参加比赛。

最近又有一个全市联赛，据说成绩好的同学在中考的时候可以适当加分，小新应学校的号召报了名。

他把这次比赛看得很重要，每天放学之后都要到操场上锻炼一两个小时。

到了比赛那一天小新信心满满地站在起跑线上，裁判一声枪响大家都开始向前跑，而小新却突然脚抽筋不能跑了。

他眼含泪水，离开了赛场。

回到家后，小新又是摔东西，又是向家长抱怨："你们明知道我的脚爱抽筋，为什么不提前做好准备？"

家长本来想安慰小新，可听他这么一说家长也来气了："你这孩子怎么能说这样的话？回自己房间好好反省去。"

一气之下，小新摔门而出，一整夜都没有回家。

站在起跑线上即将比赛的小新因为突然脚抽筋而输了比赛，回到家他就开始摔东西、抱怨家长，家长看到后就教训了他一顿，小新气不过，离家出走了一晚上。

小新回到家就开始闹脾气，是因为他受不了失败的打击。事情来得太突然，让他毫无准备，这种情况下他只有向父母要脾气。其实他也只是想向家长寻求一些安慰，毕竟他还是个孩子，还不知道该怎么面对这样的事情。但是他的不良情绪激怒了家长，招来了家长的教训。家长本想通过教训平复孩子的心情，可这个时候的孩子是听不进任何责骂的，而且还起到了反作用。如果最初家长能够静下心来，任由孩子闹一会儿小脾气，那么孩子闹够了之后就自然会平心静气地面对一切。

孩子的抱怨和大哭实质上都是一种心理需求，当孩子感到压力过大或者不开心时就会间接地把气撒在别人身上从而抱怨别人。很多父母认为孩子这样做不利于他的健康成长，其实不然，孩子通过大哭或者抱怨表达自己的悲伤或者怨恨之情其实是在宣泄自己的不良情绪。孩子宣泄不良情绪的过程也是其心理修复的过程。而且，如果家长处理得好，这个过程还会拉近孩子与家长的关系。孩子把自己的不满和悲伤表达出来会使孩子学会正确地看待自己，从而厘清自己的感情。

反之，如果孩子的不良情绪得不到及时的处理，孩子将会时常被这种情绪所困扰，他会感到压力很大，会变得很敏感，容易失去自我。父母人为地压制孩子的宣泄，往往只会起到反作用。因为孩子的大哭和抱怨并不是一种情绪导致的结果，往往包含着很多种复杂的情绪。比如，当孩子的需求得不到满足、得不到他人的尊重又或者孤独无助时，孩子大多会想通过发脾气来引起他人的注意。所以，当孩子大哭或者抱怨时，家长应该认真分析，多给予孩子关爱和帮助，不要盲目地错怪孩子。关于应如何应对孩子的大哭和抱怨，以下建议供家长参考。

1.允许孩子无限制的哭泣和抱怨，不要给孩子的发泄限定时间

面对孩子的大哭，家长大都会通过责骂或教训制止，再不然就采取"给块糖"的方式堵住孩子的嘴，但是这都是不恰当的做法。

面对孩子的大哭和抱怨，首先，家长要清楚这是孩子各种情绪长期积淀的结果。就拿孩子的大哭来说，起初孩子的哭是因为刚刚发生的事让他难以释怀，哭着哭着孩子就会想到以前受的委屈。随着时间的推移孩子会哭得越来越厉害。如果家长在这个时候上前去安慰，孩子根本听不进去，而且家长越安慰，孩子越伤心。

其次，家长应该允许孩子通过大哭和抱怨来宣泄不良情绪。当孩子大哭时，家长不要立即制止孩子，也不要马上就给予安慰，应该给予孩子发泄的自由。当然，家长也不要对孩子的大哭表现得很不耐烦，这会让孩子觉得他在家长心中没有地位，让孩子更加伤心。

当孩子向家长抱怨时，家长不要立即反驳，也不要对孩子百依百顺，可以给孩子一个自由的空间，任由孩子抱怨。不过家长一定要陪在孩子身边，哪怕只是静静地坐在孩子身边。因为这会给孩子带来安全感，孩子尽情地发泄之后，就会向家长透露他的情感。孩子哭得越厉害、抱怨得越痛快，在这之后心情就会越放松。

2.静听孩子的哭泣和抱怨，当孩子发泄时，静静地陪在孩子身边

当孩子情绪大变时，很多家长多会因为紧张而采取不同的方法来制止孩子，但其实有些时候"不作为"反而会起到更大的效果。

当孩子哭泣时，家长只需坐在孩子身边，静静地陪着孩子，孩子的烦恼就会渐渐消退，消极情绪也会越来越弱。当孩子抱怨时，家长只需站在孩子的一旁，认真聆听孩子的抱怨，孩子就能渐渐理解家长的心情。

这是因为孩子在发泄自己的不良情绪时，需要家长陪在身边提供所需要的支持和帮助。这使得孩子只顾宣泄自己的情绪，对外界一切事物都不在意，他听不进家长的劝说，更容不下任何的责怪，他只需要一个安静的环境和一双温暖的手，在他哭够后抱怨完之后能给他安慰。

静听孩子的哭泣和抱怨，能让孩子感受到父母对他的爱与呵护，能够帮助孩子尽早从消极情绪中走出来。孩子哭过、抱怨过之后就会很快恢复过来并坦然地面对困境。

3.哭过、抱怨过之后，发现孩子的成长，孩子发泄完之后，及时给予疏导

孩子在痛苦或者大声抱怨之后就会感到很轻松并对未来充满希望。这个时候，孩子在很多方面都会发生一些细小的变化，家长往往会忽略这些，但这却恰恰体现了孩子的成长。所以，家长要在孩子发泄完之后，多关注孩子的变化。

如果孩子在痛苦之后会变得很温顺、很勇敢，说明家长的静听起到了作用。家长应多给予孩子鼓励，让孩子知道自己的成长，使其勇敢地面对困难。

如果孩子在发泄完之后还不能勇敢地面对挫折，家长应及时给予疏导。不过，首先，家长要给予孩子一些安慰，家长可以通过帮助孩子擦眼泪、给孩子一个拥抱等方式让孩子感受到家长的鼓励，然后家长可以适当地给孩子讲一些道理，让孩子重拾信心，勇敢地面对挫折。

总之，在孩子发泄完之后，家长不要忽略孩子的任何细微变化，要通过各种方式让孩子恢复平静并有所成长。

鼓励孩子向家人朋友倾诉自己的烦恼

小萌的成绩在班里一直名列前茅，这难免会招来很多人的嫉妒。对于同学的闲言碎语她总是选择不跟他们计较，一个人默默地走开。但是每次回到家她都会一个人躲在屋子里哭泣。

这次期中考试小萌意外地考得不是很好，被老师叫到办公室教训了一顿。

从老师办公室出来之后，小萌又听到了同学们的议论。

"还以为她有多厉害呢，也不过如此嘛，还总显示出一副高高在上的样子。"

刚刚受过批评的小萌，听到这些话后更加难过。

回到家后，小萌狠狠地关上自己的房门，自己一个人躲在房间里哭了很久。

妈妈听到孩子的哭声后，赶到孩子的房间。

妈妈不断向小萌追问为什么而哭，可小萌一句话也不说，只一个劲儿地哭泣。

好不容易不哭了，小萌刚张口准备向妈妈诉苦，妈妈接了个电话就出去了。

看着妈妈离开的背影，小萌又把头蒙进被窝里哭了起来。

小萌由于学习成绩优异招来大家的嫉妒，同学们时不时的嘲弄让她心里很难受，不敢与大家交朋友。但是这次考试成绩的下降、老师的批评以及同学的嘲笑让她实在承受不了了，回到家里就号啕大哭。在妈妈的百般追问下，小萌本来想一吐为快，谁知道妈妈又被一个电话叫了出去，有苦说不出的小萌再一次陷入了失望。

小萌平时采取隐忍的方式，是因为她不善于表达自己，有了烦恼只会往自己肚子里咽。倘若她能向同桌或者玩得好的朋友表露自己的烦恼，多向他们倾诉，或许就不会被这种情绪所困惑。成绩的下降、老师的批评，再加之其他同学的嘲笑，这些接二连三的打击使小萌彻底崩溃了，以至于她回到家就号啕大哭。妈妈的陪伴对孩子受伤的心灵起到了一定的安抚作用，让孩子动了向家长倾诉的念头。孩子是鼓足了很大的勇气才要向妈妈诉苦的，但是一通电话却支走了妈妈，这让孩子觉得在妈妈心里自己还比不上一通电话，小萌刚刚平复的心情又回到了原点。

如果孩子的坏情绪得不到发泄，没人愿意听孩子吐露心声，会对孩子的性格形成产生很大的影响。久而久之，孩子不愿多与家长交流，家长对孩子的了解越来越少。孩子把所有的事都藏在自己心里，这无疑会让孩子产生心理负担，孩子还会把这种负担带到学习中，从而影响他的学业。此外，不良情绪积淀得久了，就会在孩子的心里留下阴影，孩子会变得非常敏感，遇到类似的问题就开始逃避，不愿意客观地面对自己。随着时间的推移，孩子的这种消极情绪还会波及身边的人，孩子的冷淡，会无意间伤害到周围的人，这样孩子的朋友就会越来越少。

反之，如果孩子在遇到烦恼的时候及时向家人倾诉，不仅能得到家人的帮助摆脱坏情绪，还会增进亲子之间的感情，孩子会更加信任家长，家长也会更加了解孩子。如果孩子选择向同学或朋友倾诉，则能让孩子更快地摆脱烦恼，因为同龄人之间有很多共同话题，他们会用自己的方式去解决问题，在这个过程中孩子不仅能收获友谊，还能收获成长。不管孩子选择向谁倾诉，对孩子来说都是有利的，所以家长要鼓励孩子多向父母或者朋友倾诉。关于如何鼓励孩子向他人倾诉自己的烦恼，以下建议供家长参考。

1.维持和谐的家庭关系，为孩子的倾诉创造条件，教孩子建立良好的人际关系

一个和谐的家庭氛围和良好的人际关系对孩子来说是十分重要的。

一方面，这可以减少因为家庭和人际交往给孩子造成的问题，给孩子提供强有力的后盾。在良好的环境下成长的孩子，性格开朗、乐观大度、内心充满阳光，遇到问题不会逃避，也不会轻易伤心。相反，在家庭关系紧张的环境中长大的孩子情绪会很不稳定。所以，家长不要轻易在孩子面前发脾气，经常和孩子沟通，建立良好的亲子关系，这样孩子遇到烦恼的时候就会愿意和家长分享。家长在与孩子沟通的过程中要多注意孩子的情绪，不要随便对孩子发脾气，也不要对孩子提过高的要求，让孩子有一个自由放松的成长环境。

另一方面，良好的人际关系可以让孩子在遇到烦恼的时候得到更多的帮助和关怀，除此之外，还能提高孩子的综合能力。所以，家长要鼓励孩子多交朋友，多和同学聊天交流。当同学遇到困难时，家长要鼓励孩子多帮助同学，当自己遇到不开心的事情时，也不要推卸同学的帮助和关怀。孩子的交

际圈越大得到的帮助就越多，愿意听孩子倾诉的人就越多。

2.当孩子遇到烦恼时，鼓励其向家人倾诉，鼓励孩子向他人倾诉烦恼

孩子出现不良情绪的时候会做出很多连自己也不清楚的事情，有的大吵大闹，甚至还会直接激怒家长，有的一句话也不说，让家长很难走进他的内心。面对这些情况，首先家长应该冷静下来，不要生气，也不要做出过激的反应，否则会给孩子带来不利影响，让孩子更加伤心。

其次，家长不要让孩子把苦恼闷在自己心里，家长要在孩子被坏情绪困扰的时候陪在孩子身边，这样孩子就会觉得家长是他值得依靠的人。家长还要多观察孩子的变化，当孩子的心情有所恢复的时候，温和地向孩子询问事情的缘由，当然，如果孩子不想说也不要强求，否则会起到反作用。但是，家长还是要多鼓励孩子向自己倾诉。

除此之外，家长还可以鼓励孩子多向身边其他的人倾诉以宣泄不良情绪，比如，老师、同学、朋友等。所以家长要让孩子多接触一些同龄的孩子，这样孩子在心情不好的时候就能找到合适的人倾诉从而减小自己的压力。

3.当孩子倾诉时，家长应多加疏导，从孩子的倾诉中表达对孩子的关怀

在孩子倾诉的过程中家长一定要保持一颗平静的心，不管谁对谁错，家长不要立即作评论，一定要在孩子把事情都交代清楚之后再做判断。最终即使是孩子错了，家长也不要当面指责孩子，要让孩子相信即使是他犯了错家长也会永远爱他，这样不管什么事孩子都愿意和家长讲，而且会对家长很诚实。

还有一些孩子总是喜欢责怪自己，不管是不是自己的错，都爱往自己身上揽。比如，当孩子受骗的时候，他会觉得这完全是自己的错，是

自己太笨才会被别人骗。这时家长应该向孩子解释这不是他一个人的错，下次再遇到这样的情况多注意就是了，没有必要太放在心上，家长不会怪罪他。

家长在表达对孩子的关怀时，要多给孩子一些正面的鼓励，说话期间还可以拍拍孩子的肩膀、帮孩子擦擦眼泪、搂住孩子让孩子直接感觉到家长对他的关爱。

当事情过去一段时间后，家长可以再和孩子进行一次交流，让孩子知道家长对他的爱，这样孩子在下次遇到同样的情况时，就更愿意向家长倾诉。

让孩子通过娱乐赶走"坏"情绪

课间小杰在桌角边捡到了一支钢笔，就拍拍同桌："是不是你的？"

"不是。"

小杰又站起来拍了拍前边同学的肩膀，前边同学依然说不是他的。

随后他又问了一下后边的几个同学，大家都说不是他们的。

最后小杰就把那支钢笔扔在了自己的桌子上，等着失主前来认领。不过他会时不时地拿出来用一下。

当小宇无意间看到这支笔的时候，就一口咬定是小杰偷了他的钢笔。

小杰拼命地为自己辩解，可小宇就是不相信。

无奈小杰找来四周的人来为自己做证，可大家都说记不清了。

小杰百口莫辩，他感到自己很受伤，回到家后就一直在电脑前打游戏。

妈妈看到后又把他骂了一顿，说他不务正业。

一气之下，小杰顶撞了妈妈并去网吧上了一会儿网。

小杰因为被人诬陷偷了同学的钢笔而心情烦躁，回到家后就赌气坐在电脑前打游戏。被妈妈看到后，又被妈妈教训了一顿。小杰觉得很委屈，一气之下就跑到网吧上网去了。

小杰一回到家就打游戏是因为小宇的诬陷让他感到很委屈，周围同学的漠不关心使他陷入孤立状态。如果小宇能问清楚状况再下判断，如果周围同学能站出来为小杰做证，事情的结果就不会是这个样子了。小杰回到家后之所以又离家出走，是因为他的坏情绪得不到发泄以及妈妈的不理解。小杰本想借助游戏来释放自己的烦恼，但是妈妈的教训打乱了他的思绪，让他更加心烦意乱，最终选择到网吧去逃避这一切。如果妈妈能在小杰玩游戏的时候多观察他的情绪就会发现他的委屈，如果妈妈能让他发泄完之后多给予孩子安慰，小杰一定不会离家出走。

很多孩子在心情不好的时候会选择在娱乐中释放自己，比如，打游戏、逛街、看电影等。但这往往会招来家长的责骂，家长会认为孩子玩心太重，不好好学习，并会对孩子加以制止。但是这不仅不会让孩子得到放松，而且会让孩子更加心烦，还会让亲子关系变得更加紧张。如果家长反应太过激烈，会在孩子的心里留下阴影，严重的还会导致孩子产生叛逆心理。当孩子心情不好的时候，如果不能尽情地发泄，将会对其身心健康产生不良的影响。

反之，如果孩子在玩的时候能够尽情地玩，不被打断，孩子就能在娱乐中忘掉所有的烦恼。孩子的这种做法，会让孩子逐渐养成乐观开朗的性格，因为孩子在遇到烦恼的时候不会把坏情绪带给别人而是通过自己在娱乐中发泄，释放完之后孩子会重新恢复平静，仍然保持积极的心态。这样的孩子容易被大家所接纳，人缘较好。如果家长能做到不打断孩子的娱乐并在孩子恢复平静之后及时对孩子进行疏导，不仅可以帮助孩子尽快摆脱坏情绪的困扰，还能让孩子更加相信家长，从而增进亲子之间的感情。关于如何让孩子用娱乐赶走"坏"情绪，以下建议供家长参考。

1.不要随意打断孩子的娱乐，家长不要误解孩子的娱乐

很多孩子喜欢在心里不高兴的时候沉浸在娱乐中，而大多家长看到孩子这样都会对孩子存在误解，认为孩子不务正业并会教训孩子一番，制止孩子的行为，让孩子回去写作业。其实，这是一种不恰当的行为。面对这种情况，首先家长要弄清楚孩子究竟是怎么了。不要随便打断孩子，可以静静地站在孩子身边，观察孩子的一举一动，多注意其情绪的变化。如果孩子表情很凝重，在娱乐的过程中充满杀气，就说明孩子受了委屈或者被其他的事情所烦恼。这时，家长可以放手任由孩子宣泄。如果孩子没有什么特殊的情况，只是想玩会儿游戏或者唱会儿歌，家长也不要太生气以免给孩子带来坏情绪，家长只需要多提醒孩子做功课就行了。

家长要多尊重孩子，不要动不动就骂孩子，也要多理解孩子，多让孩子放松，不要让他有心理压力。当孩子全身心地做一件事的时候，家长不

要随意打断他。比如，当孩子在疯狂地打游戏的时候，家长不要恼羞成怒，马上去制止孩子，正确的做法是在旁边静静地观察孩子的表情、眼神、手上动作等，多揣测孩子的内心活动，当孩子打完游戏后再做进一步的了解。

2.多鼓励孩子在娱乐中赶走坏情绪，帮孩子找到合适的娱乐方式宣泄坏情绪

有些孩子性格比较内向，遇到烦恼总喜欢藏在自己心里，不向别人说也不表现出来。针对这种情况，家长一定要多给予孩子关怀和爱，多注意孩子的情绪变化，当孩子的情绪出现异常时，家长要多鼓励孩子找到合适的方法让自己放松。

比如，家长可以推荐孩子在心情不好的时候听听音乐。比较舒缓的音乐有利于孩子的心情恢复平静，比较激昂的音乐有利于孩子发泄心中的不快。家长可以根据孩子的情况，为孩子挑选合适的音乐。此外，家长还可以带孩子去看电影，给孩子买一些爆米花和水，可以选择一些令人感动的影片，这样孩子的愤怒就会通过眼泪发泄出来。如果孩子在临近周末的时候心情不好，家长可以在周末带孩子出去郊游，让孩子在大自然中忘记生活学习中的烦恼。家长也可以让孩子的同学过来教孩子唱歌、跳舞或者去逛街，多给孩子一些自由，让孩子放松心情。

3.孩子放松后，要多对其进行疏导

很多时候，孩子放松之后只是暂时忘记了这件事，但问题并没有解决，孩子还会时不时地想起这件事，当遇到类似问题时孩子依然会陷入困境。要想让孩子彻底地忘记烦恼，就要彻底地解决问题。所以，家长要在孩子放松之后，多对孩子进行疏导。

家长要教会孩子勇敢地面对问题，家长可以试探性地向孩子询问事情的缘由，如果孩子表现出害怕，家长要帮孩子树立信心，要让孩子明白家长会帮他们解决。如果孩子实在不愿意说，家长也不要强求，等到孩子想说的时候，再向其询问。

孩子把事情讲出来之后，家长要指导孩子对事情的前因后果进行分析，帮助孩子找到相应的对策。如果孩子有什么做得不对的地方，家长不要立即指责孩子，可以对孩子进行说服教育，让孩子客观地看待自己，指引孩子找到自己的错误。家长可以向孩子表示自己并不生气且原谅孩子的错误，只要孩子下一次多注意就可以了。

陪孩子在运动中发泄不良情绪

小华平时学习不怎么努力，还总爱在班里捣乱，老师和同学都认为他是一个不认真的人，总是嘲笑他。

临近中考的最后几个月小华一改往日的作风，全身心地投入学习。

大家都嘲笑他"别装好学生了，老师没在这儿，走，出去打球去。"

模拟考试成绩下来之后，小华进步很大，可大家都不相信他。

"这次考试是抄的谁的？正确率挺高的。"大家讥讽道。

更让他受不了的是，老师居然也不相信这是他自己做的。

"下次考试不要再这样了，平时要多努力。"老师说。

回到家，小华拿起书学习的时候又想起了老师和同学们的误解，一气之下拿起篮球就准备往外跑。

妈妈看到后，教训了他一顿："就要考试了，你怎么还惦记着篮球呢？考完试之后再打不行吗？"

小华跟妈妈争辩了一会儿后把篮球狠狠地摔在地上。

回到房间后小华总是不断地想起老师和同学的话，让他不能全身心地投入学习，最后小华把笔扔在桌子上，回到床上把头蒙进被窝里睡觉去了。

小华想在临近考试的几个月努力学习，却被大家误解，老师的批评、同学的嘲笑导致小华心里难受，回家之后他想借打球释放自己的情绪，却又被妈妈误解。被妈妈教训后的小华心里很委屈，没有心思再投入学习，而且心里更加烦乱。

小华回到家后学不进去，想要去打球，是因为同学的嘲笑让他很生气，老师的误解让他觉得很委屈。多种情绪的掺杂让小华觉得心烦意乱，他想借打球去发泄情绪。被妈妈教训之后，小华仍然不想学习，反而去睡觉，是因为妈妈的误解让他觉得更加委屈，妈妈的教训让他更加烦躁，回到自己的房间之后也就不可能再静下心来学习了。如果妈妈在看到小华抱着球的时候能让他尽情地玩，也许小华就能在运动之后忘记烦恼，并静下心来学习。

如果孩子能在遇到烦恼的时候通过运动的方式来发泄自己的不良情绪，就会在运动之后神清气爽。因为孩子在运动的时候其体内会释放一种激素，这种激素是机体自然产生的内分泌物，能使人心情振奋，产生愉悦感。运动不仅能给孩子带来好心情，而且还能在孩子面对精神压力和情绪波动的时候更加轻松。孩子能通过运动来宣泄自己的坏情绪，对孩子来说也是一种成长，孩子学会了用自己的方式解决问题，学会了合理调节自己的情绪。

反之，如果家长阻止孩子在心情不好的时候去运动，则会让孩子更加心烦意乱，孩子的烦恼不仅得不到发泄，还会加深。孩子的不良情绪积淀的越久，其精神压力就越大，严重的还会导致孩子的抑郁。孩子精神上的抑郁，会导致他不能全身心地投入到学习或生活中，做事时会变得恍恍惚惚。除此之外，不良情绪以及长期的不运动还会影响孩子的身体健康。关于如何教孩子通过运动发泄自己的坏情绪，以下建议供家长参考。

1.当孩子运动时，家长可以多参与其中，多陪孩子一起运动

很多孩子在平时并不暴露他们的烦恼，总借助运动来表达自己的心情。所以家长可以在平时多和孩子一起出去运动，也可以在自己要去运动的时候叫上孩子。在运动的过程中，家长可以通过观察孩子的神情、动作，也可以通过交谈的方式了解孩子的近况，帮助孩子排忧解难从而拉近亲子之间的感情。

比如，当孩子要去打篮球的时候，家长可以征求孩子让自己一起去，在打球的过程中多观察孩子的神情变化，如果一反常态，家长可以在运动过之后找孩子聊天，帮助孩子解决问题。除此之外，家长也可以每天叫上孩子一起去晨跑，在跑步的过程中多与孩子聊天，可以向孩子了解下近来的状况。如果孩子遇到不开心的事情，家长可以跟孩子分享一些高兴的话题让孩子转移注意力，也可以对孩子进行说理教育，让孩子明白是非对错。当然家长也可以根据情况，和孩子来一场比赛，让孩子在奔跑中释放自己，跑完之后孩

子就会轻松许多。

2.当孩子心情不好时，多鼓励孩子出去运动，教孩子用适当的运动方式发泄情绪

很多孩子在遇到烦恼的时候会表现出来，但却不知道该怎么发泄出去。这就需要家长细心关注孩子的日常变化。当孩子回到家后出现不和家长打招呼就进自己的房间或者一句话也不说只盯着某处发呆等异常情况的时候，家长可以教孩子通过运动的方式把自己的情绪发泄出来。

家长可以在孩子喜欢的几项运动中挑选出一项陪孩子一起去运动，让孩子尽情发挥，也可以让孩子尝试一些新鲜的运动，转移孩子的注意力从而转移坏情绪。如果孩子平时不怎么运动，家长可以带孩子多尝试一些运动，从中找出最适合孩子发泄的运动方式。

此外，对于男孩子，家长可以在其心情不好的时候提议去打篮球或者踢足球，必要的时候可以和孩子进行一场比赛。因为比赛的时候，孩子会全身心地投入其中，孩子打得越尽力，运动完之后就越轻松。对于女孩子来说，家长可以鼓励她去跑步或者打网球，让孩子通过运动远离烦恼。

3.在运动的过程中，激发孩子发泄自己，教孩子怎样在运动过程中发泄自己

运动虽然可以帮助孩子放松心情，但是也要掌握一定的方法，这就需要家长陪孩子一起运动并做适当的引导。

首先，家长一定要让孩子运动到筋疲力尽，这样孩子就没有心思再去想其他的事情，晚上也能睡个好觉，第二天就会有如释重负的感觉。其次，家长要让孩子注意发泄的方式。家长可以教孩子在跑步的时候大声叫喊以喊出心中的委屈，也可以让孩子在打网球的时候用力回击以发泄自己

的不满，当然家长要在此期间注意保护孩子的安全。家长也可以通过比赛的方式，让孩子把所有情绪都发泄在比赛上。孩子发泄得越卖力，烦恼就走得越快。最后，鼓励孩子勇敢面对。当孩子发泄到疲惫不堪的时候，家长应多鼓励孩子，让孩子勇敢地面对挫折，及时对孩子进行疏导，使其重拾信心。

鼓励孩子用笔表达出自己的心情

小瑜是一个性格比较内向的孩子，遇到事情总喜欢自己一个人承受。

她的同桌特别不喜欢她这种不爱说话的习惯。

上课老师让讨论问题，小瑜本想好好和同桌讨论，谁知道同桌却扭过头去跟后面的同学商量，这让小瑜感到很难受。

讨论完之后，老师又挑同学起来回答，正好挑到小瑜。

小瑜蹑手蹑脚地站起来，满脸通红，用很小的声音对老师说："我不会。"

"不是让你们讨论了吗？刚才讨论的时候你在干吗呢？"

过了好久老师才让小瑜坐下。

回到家后，小瑜一直被课堂上的事所困扰，她觉得自己很没面子，越想脑子越乱。

小瑜没有心思写作业，就拿着笔在作业本上乱画。

妈妈看到后把小瑜教训了一顿，小瑜非常生气，但又不敢反抗妈妈，就把作业随便写一下，饭也没吃就睡觉了。

小瑜因为其性格内向而遭到同桌的排斥，同桌不愿意与她在一起讨论问题，这导致小瑜心里很受伤。老师提问时，小瑜没能答上来，让她觉得很没面子。回到家后，她一直被同桌和老师的态度所烦恼，这让她不能全身心地投入学习。本来想借画画使自己放松心情，又被妈妈误解，种种不良情绪的掺杂使她连吃晚饭的心情都没有了。

小瑜回答不上来老师的问题是因为同桌间接地拒绝和她一起讨论问题造成的，这让她感到很受伤，还没有从这样的情绪中恢复过来就被老师叫起来回答问题，这难免会让孩子感到措手不及。老师的言语中透露出的责怪之意又让孩子感到很委屈。老师和同桌带给她的烦恼让她心烦意乱，不能全身心地投入学习。小瑜最终没吃饭就去睡觉是因为她的不良情绪得不到发泄，妈妈的教训让她没有其他办法平复自己的心情。如果妈妈能允许孩子在做作业之前多安静一会儿，小瑜也就不会随便地应付作业，也许还能慢慢地忘掉当天的不愉快。

笔是一个人的眼睛，它可以直接形象地表现一个人的所思所想，也能帮助一个人排忧解难。如果孩子能利用手中的笔记录自己的喜怒哀乐，相信孩子会成长得更快。孩子用笔记下自己烦心的事情之后，就会觉得这件事已经被自己记录了下来，没有必要再放在心里面。所以孩子以随笔的形式记下自己的烦恼之后就会有一种如释重负的感觉。如果孩子选择用其他的方式，比如画画来表达自己的情绪，也会很快地忘记烦恼，因为孩子可以通过绘画表现自己的心情，孩子的烦恼在画纸上得到了体现，他就能减轻自己的压力。

如果孩子遇到烦恼时总是闷不吭声、什么也不做，只会使其内心积压的情绪越来越多，长此以往，孩子的性格会渐渐变得抑郁沮丧。这会导致孩子的处世能力降低，孩子不愿意敞开心扉，其他同学就会渐渐疏远他，家人也会对孩子越来越不了解。除此之外，孩子还会变得胆小怕事，不敢迎接挑战，没有勇气面对困难。所以家长应该帮助孩子找到发泄情绪的方法，家长可以试着让孩子用笔随时记录自己的心情。关于如何鼓励孩子用笔表达自己的心情，以下建议可供家长参考。

1.多引导孩子用笔表达自己的心情

很多孩子在心情不好的时候是找不到发泄坏情绪的办法的，这就需要家长随时关注孩子的变化，找准时机，指引孩子选择合适的方式。

比如，当孩子因为别人的误解而心里难受的时候，家长可以让孩子在日记本上记录下这件事并大胆地写出自己的想法，这样孩子的坏情绪就得到了倾诉，而且他的不满情绪也会在日记中得到平复。当孩子因犯了错而郁郁寡欢的时候，家长可以让孩子把自己想说的话写在日记里，这样孩子就能在日记里大方地承认自己的错误，久而久之，孩子将不怕面对失败，变得更有勇气。当孩子被多种烦恼所困扰的时候，家长可以让孩子把自己的烦恼在日记中一一罗列出来，厘清头绪，找出合适的方法并一一解决，这样孩子就能调整好情绪，重新面对挫折。

除了写日记、写随笔之外，家长还可以引导孩子用画画的方式表达自己的心情。家长可以给孩子准备一个画册，平时多教孩子一些绘画技巧。当孩子遇到烦恼时，鼓励孩子拿出来画两笔，哪怕孩子只是信手涂鸦，只要他高兴就行了。

2.教孩子如何用笔表达自己的心情

可能孩子在刚开始的时候不知道该怎么写，也不知道该写些什么、画些什么。这就需要家长多教孩子如何用笔表达自己的心情。

如果孩子想用写随笔、写日记的方式表达自己的心情，家长可以让孩子把事情简单地记录下来，然后写上自己想说的话，可以写自己的想法、感想、对他人的评价或者对事件的假设、对问题的解决方法。家长要鼓励孩子大胆地写出自己的真情实感，不要因为羞愧而掩盖自己的错误，也不要因为害怕而不敢指出别人的缺点，要勇敢真实地表露自己。这样孩子就有勇气面对挫折，并能客观地看待自己。

如果孩子想通过绘画表达自己的情绪，家长可以给孩子准备一些绘画的基本用具，教孩子一些基础知识。当然家长不能对孩子要求太高，可以让孩子在心情不好的时候尽情地挥洒，家长不需要要求孩子注意线条的美感、色彩的鲜艳，只要能使其摆脱坏情绪，重新恢复平静就可以了。

3. 引导孩子走出坏情绪，通过孩子的"作品"读懂孩子

尽管孩子通过笔表达了自己的情绪，但想要让孩子完全摆脱困扰，还需要家长通过孩子的"作品"，了解孩子的心情并对其加以疏导。

当孩子写完随笔或日记之后家长可以委婉地向孩子询问事情的缘由，如果孩子愿意说出来，家长可以让孩子把写下的东西告诉家长，家长可以针对具体情况做一些正面的评价或者给一些意见。家长也可以向孩子争取，查阅他的日记。

如果孩子喜欢在心情不好的时候画画，家长可以通过观赏孩子的画来了解孩子的内心。比如，孩子什么都没画，只是信手涂鸦，说明孩子的心情很

复杂，家长要耐心地帮助孩子解决烦恼；倘若孩子所画的场景比较消极，说明孩子受到了伤害且内心很委屈，家长要好好安慰孩子；如果孩子画的东西比较强势，说明孩子想通过暴力解决问题，家长要耐心劝阻孩子。

第4章
面对逆境，家长要教孩子
摆脱负面情绪的影响

教孩子摆脱焦虑的困扰

多多今年十三岁，已经是个初中生了。他从小就不喜欢学习数学，觉得学起来很吃力，数学成绩总是得不到提高。

期末考试就快到了，大家都在紧张地复习。多多把复习重点放在了数学上。他先是把课本上的知识过了一遍，又找出以前做过的练习题目，打算把它们重做一遍。可是做着做着多多就发现，虽然已经把课本看过一遍了，但自己有很多题目还是会做错，有的题目干脆就不会做，一点思路都没有。眼看着考试日期就快要到了，他的心里越来越着急，饭吃不好，觉也睡不好，总是担心自己的数学不及格。不仅如此，他连老师的讲课也听不进去了，总是处于一种焦虑状态中。

妈妈发现多多的状态不对劲，赶忙询问情况。多多告诉妈妈，快要期末考试了，担心自己的数学考不好，所以很焦虑，做什么事都不能专心。听完多多的话后，妈妈笑着对他说："傻孩子，你想得太多啦。期末考试还没进行呢，你怎么就知道自己肯定考不好呢？不要为还没有发生的事过于担心，这是在浪费时间和精力。再说了，你又不是没时间复习了。离考试还有段时间呢，妈妈知道你平时数学学得不太好，那就开始想办法补救啊！不会做的题就赶快搞懂，在这里一味地担心和焦虑不是在浪费时间吗？所以，什么也别想了，赶快静下心来复习吧。"

听了妈妈的话，多多顿时觉得释然很多。是啊，为什么要为还没发生而且不一定发生的事这么担心呢？还是好好复习吧。于是，他静下心来，按照自己先前定的复习计划开始复习。期末考试中，他的数学取得了很大的进步。

多多因复习中遇到的问题而担心自己考试不及格，过于忧虑，甚至影响到了学习和生活。妈妈发现这一状况后，向他了解了详细情况，并告诉他不要为还未发生的事担心，教他采取措施摆脱了焦虑，静下心来复习，并取得了不错的成绩。

生活中，遇到一些困难或挫折时，很多孩子都会像上例中的多多一样，过于担心事情的结果，并感到忧虑，甚至"茶饭不思"，影响到学习和生活。这种现象通常有以下几种原因。一方面，一些孩子过于悲观，考虑事情时只往坏的方面想，为自己设想的坏结果而焦虑担心；另一方面，一些家长对孩子的要求过高，导致孩子发现事情不尽如人意时，便担心受到责骂或批评，并因此感到焦虑。此外，一些家长遇事沉不住气、焦虑不安也是孩子遇事焦虑的成因之一。长期如此，孩子的内心很难变得强大，一点点困难就会让他们焦躁不安，难以冷静、理智处事，这对他们的成长和发展是很不利的。

因此，在平时的生活中，当孩子遇到挫折和困难，并因担心事情的结果而感到焦虑时，家长要帮助他们尽快平静下来，摆脱焦躁不安，以最有效的方式解决问题。只有这样，孩子的内心才能得到历练，经历挫折时才能保持淡定和冷静，才更容易获得成功。以下是一些供家长参考的建议。

1.了解孩子焦虑的原因，对症下药

当孩子感到焦虑时，通常会有做事不专心、容易着急生气、总是走神等情况出现，家长要及时注意到他们的焦躁不安，并向他们了解具体原因，帮助他们对症下药，摆脱焦虑带来的不良影响。有的孩子会因为在学习中遇到困难，因担心考试成绩而焦虑；有的孩子是由于与朋友闹矛盾，因担心失去友谊而焦虑。对于这些原因，家长一定要详细了解。

在向孩子了解焦虑原因的过程中，家长一定要有耐心，并要站在孩子的角度思考问题，只有这样，才能真正理解他们的心情，找出他们焦躁的原因，知道他们到底在担心什么事，然后才能给出有针对性的建议，帮助他们摆脱焦虑，平复心境。

2.对孩子的要求不要过高

有时，孩子感到焦虑是因为发现事情不理想，担心自己受到父母的批评和指责。对此，家长应该进行反思，想想是不是自己对孩子的要求过高，所以导致他们容易担心和焦虑。在平时的生活中，家长对孩子不要苛求，不管是在学习成绩上还是其他事情上，都要根据孩子的具体情况来要求，不要要求他们做些不容易做到的事。

同时，家长也要告诉孩子，对自己的要求不要过高，做不到的事就不要勉强自己，没人能做到完美无缺。遭遇困难或失败时，如果自己已经尽力，就不要再过于担心，应该学着坦然面对。只有这样，内心才能强大起来，才能做一个淡定的人。

3.告诉孩子，不要为还未发生的事过于担心

有时，孩子的焦虑是因为担心事情的结果不理想。对此，家长要让孩子明白，那些事还没有发生，也许根本不会发生，所以不必过于担心，否则就是在浪费时间。家长要让孩子明白，活在当下、做好目前最应该做的事才是最重要的。

同样，家长在平时的生活中要为孩子树立好榜样，不要在孩子面前流露太多对未来的担忧和焦虑，比如担心孩子考不上好大学，担心工作等，这些都会传达给孩子一种信息，让他们对未来那些还未发生的事感到担心。

4.与其忧虑，不如未雨绸缪或补救

让孩子知道不为还未发生的事过于担心固然重要，但家长同时也要让孩子明白，要懂得长远规划，未雨绸缪，为将来的事做好准备。比如当孩子因担心考不好而焦虑时，家长可以对他说，既然担心考不好，就静下心来好好复习，避免那个考不好的结果发生。同样，当孩子因已经发生的失败的结果而感到焦虑时，家长可以建议他们想想有什么补救方法，而不是深陷焦虑的泥淖中不能自拔。比如当孩子与朋友闹矛盾并因担心失去友谊而焦虑时，家长就可以建议他把事情向朋友解释清楚并道歉，以挽回友谊。

家长还要告诉孩子，当发觉自己有些焦虑时，不要把精力集中在消除这种情绪上，试着放松身心，也许就能在不知不觉中摆脱焦虑了。否则，这种情绪很可能愈演愈烈，扩散到其他事上，就更难摆脱了。

莫让嫉妒在孩子的心里扎根

明明今年十岁了，是个漂亮的小姑娘，而且她成绩很好，平时又乖巧懂事，大家都夸她是个好孩子。不仅如此，她在班里还是个小组长。

新学期开始了，班里转来一位新同学。她叫甜甜，不仅漂亮聪明，而且多才多艺，笛子、小提琴样样都会。她还是个热心友好的小姑娘，不管是谁遇到困难，她都会给予帮助。时间长了，大家都喜欢找她玩，连明明的几个好朋友也跟甜甜成了亲密的小伙伴，这让明明心里很不是滋味。不久，甜甜还被大家选为了班里的文艺委员，这让明明更加嫉妒她了。

随着时间的流逝，明明对甜甜的嫉妒越来越严重了，甚至因为好朋友夸了甜甜一句就跟好朋友闹翻了。她甚至因为不想见到甜甜而对上学也有了抵触情绪，成绩也不如之前了。总之，她的生活因为对甜甜的嫉妒已经快要一塌糊涂了。

爸爸发现了明明的异常，赶忙向她了解情况。明明告诉爸爸，甜甜什么都比自己好，自从她来了班里之后自己就很自卑，却又很嫉妒她，因为她太优秀了。听完明明的话，爸爸笑着对她说："傻孩子，你就因为这个不开心啊。你为什么只能看到自己不如她的地方呢？你应该想想自己比她强的地方，比如你成绩比她好啊，而且你那么乖巧懂事，大家是喜欢你的。再说了，你通过努力也能学会笛子、吉他啊，你也可以多才多艺的，只要你愿意学，你也可以像她一样，甚至比她还优秀。所以千万不要再这么嫉妒别人啦，会影响到你自己的。"

爸爸的话让明明恍然大悟，是啊，自己也有比甜甜强的地方啊，为什么要总与她比来比去呢，还是专心做好自己的事吧。从那以后，她再也不对甜甜那么嫉妒、敌视了，两人还成了好朋友，明明的成绩也越来越好了。

在与甜甜的比较中，明明只看到了自己的缺点，并因此感到自卑，对甜甜有了嫉妒和敌视，影响到了学习。在爸爸的劝说下，她看到了自己的优点，知道了与别人比较、嫉妒别人都是些无谓的事，并开始好好学习，消除了嫉妒心理。

生活中，孩子经常会把自己与别人比较，并产生嫉妒心理。这种现象主要有以下两种原因。一是一些孩子比较自卑，喜欢把自己与别人比较并只能看到自己不如人的地方，因此产生嫉妒心理。二是一些孩子娇生惯养，习惯了别人的羡慕和夸赞，产生优越感，一看到别人有比自己强的地方就会心理不平衡，进而产生嫉妒心理。不管是哪种原因产生的嫉妒，都会让孩子变得不开心，甚至敌视别人，也会影响到自己的学习和生活。长此以往，他们很容易变得心胸狭窄，这对他们的人际交往和事业发展都是很不利的。

因此，在教育孩子的过程中，家长要让他们学会正确看待某些地方比自己优秀的人，不要嫉妒甚至敌视别人。要培养他们博大的胸襟，学会包容自己的不完美，承认别人的优秀。只有这样，他们才不会因嫉妒别人而做出错误的行为，才会在人生路上走得更开阔，与人友好相处。以下建议可供家长参考。

1.告诉孩子，优秀的人有很多

要想让孩子摆脱对别人的嫉妒，家长可以告诉他们，没有最好，只有更好。他们所嫉妒的人并不是最优秀的，比他们还优秀的人多的是。比如当孩子嫉妒别人的财富时，家长可以列举更加杰出的人物，让孩子知道他的嫉妒对象并不是最优秀的；如果孩子嫉妒别人的组织能力，家长可以给他们讲讲艾森豪威尔将军在战争中表现出的领导能力等。这些都会让孩子的心理稍稍平衡一些，觉得比嫉妒对象还优秀的人多的是，那也就没必要再嫉妒他。

此外，家长也可以让孩子与嫉妒对象多接触，加强了解，排除可能存在的偏见，这有助于他们消除自己的嫉妒并获得友谊。

2.让孩子想想自己比别人优秀的地方

当孩子嫉妒别人时，家长也可以引导他们想想自己的长处。家长要告诉孩子，不要只看得到自己不如别人的地方，要自信一些，多看看自己比别人强的地方。比如当孩子嫉妒别人的才能时，让孩子想想自己是不是比他成绩好；当孩子嫉妒别人的好人缘时，让孩子想想自己是不是运动能力比他好等。总之要让孩子知道，自己并不是什么都不如别人，自己也是有优点的。这可以让孩子寻得心理平衡，减弱对别人的嫉妒。

3.告诉孩子，别人能做到的事自己经过努力也可以做到

当孩子嫉妒别人比自己强时，家长可以告诉他们，那些人能做到的事自己经过努力也可以做到。比如当孩子嫉妒别人的成绩比自己好时，家长可以鼓励他们刻苦学习，迎头赶上，当成绩比别人好时，孩子的嫉妒自然一扫而光；当孩子嫉妒别人的才艺比自己多时，家长可以让他们学些自己喜欢的艺术，努力提高自己。这样一来，孩子的嫉妒反而变成了他们的一种动力，能够帮助他们提升自己。在使自己变得优秀甚至超过嫉妒对象后，他们的嫉妒自然就消失了，也就不用担心那些不良影响了。

4.不必事事和别人比，做好自己的事

当孩子经常拿自己与别人进行比较，并常常由于别人的一些表现比自己优秀而产生嫉妒心理时，家长可以告诉孩子，这样做是没有意义的。因为每个人都是不同的个体，各有特性和优点、缺点，没有可比性，这样的比较是在浪费时间。家长要让孩子明白，当自己在嫉妒着别人的时候，对别人并没有什么影响，但自己却白白浪费了时间和精力，最终一无所获还心力交瘁，

甚至影响到人际关系。所以,不要把时间浪费在嫉妒上,做好自己该做的事才是最重要的。

5.允许嫉妒适度存在,不要求完全消除嫉妒

对于孩子的嫉妒心理,家长要明白,适度的嫉妒并无大碍,在合适的引导下还会转化为前进的动力,让孩子变得更优秀。只有过分的嫉妒才是我们消除的对象。当孩子因嫉妒而出现敌视某人甚至影响到学习和生活的时候,家长就要及时帮他们摆脱嫉妒了。当孩子只是对别人有些羡慕,进而产生轻微的嫉妒心理时,家长则不需要过分在意,应让孩子慢慢调节心理,逐渐消除嫉妒。不要让孩子太在意这种心理的存在,更不要一直专注于消除嫉妒,这反而会让孩子的嫉妒愈发严重,负面情绪扩散。

帮孩子走出悲观的泥潭

思思是个乖巧懂事的小姑娘,今年已经上四年级了,平日里大家都很喜欢她。只是她性格有些内向悲观,什么事都只想到最坏的结果,总是一副伤心无助的样子。

最近,学校要组织一次舞蹈大赛,老师鼓励大家踊跃报名。思思虽然内向,但她从小就喜欢舞蹈,也练了很长时间,所以毫不犹豫地就报名参加了。距离比赛的日子越来越近了,思思在妈妈的陪伴下一遍又一遍地练着,想要取得一个好成绩。

　　比赛这天，思思早早就来到了现场，妈妈也坐到了观众席上。比赛开始了，当轮到思思上场时，她自信满满地出现在了舞台上。整个舞蹈过程都很完美，大家都觉得她肯定能拿到最高分。没成想在舞蹈结尾处，思思突然脚底一滑，差点摔倒在地上，这也影响到了她的动作，幸亏她迅速调整了过来。

　　比赛结束后，评委说比赛成绩在三天后会公布。可思思却开始大哭起来，她担心结尾处的意外影响到自己的比赛成绩。她大哭着告诉妈妈，自己肯定拿不到好的成绩了，白白练习那么久，她还觉得自己很丢人。妈妈抱住她，为她擦去眼泪并安慰她："思思，不要哭了，结果还没有出来不是吗？你的整个舞蹈都很美，妈妈当时都惊了呢，那个小小的失误不会有太多影响的。再说了，不管你的成绩怎样，爸爸妈妈都会永远站在你身边支持你的。你现在先别这么悲观，说不定你的成绩比你想的要好得多呢！"

　　妈妈的话让思思安静下来。她想，自己已经尽力了，那就没有遗憾。再说了，万一真如妈妈所说，成绩不错呢？于是，她停止了哭泣，跟着妈妈回家了。几天后，比赛成绩出来了，那个小小的失误对思思的成绩并没有大的影响，她还获得了第三名。从这件事之后，思思变得不再像以前一样悲观。

　　比赛后，思思因担心小失误影响成绩而伤心，还悲观地想到了很糟糕的后果。在妈妈的开导下，她学会了接受现实，知道自己已经尽力，并用也许成绩会比自己想的好来安慰自己。这件事也让思思学会了乐观和豁达。

生活中，当遇到困难和挫折时，不少孩子都会像原来的思思一样，把事情想得很糟糕、悲观，让自己陷入无谓的伤心中。这种情况一般有以下两方面的原因。一方面，一些孩子习惯于只想坏的结果，不懂得用可能出现的好结果来安慰、开导自己；另一方面，一些家长遇事时便悲观处理，怨天尤人，给孩子带来不良影响。长期如此，孩子会养成悲观的性格，一点点困难在他们眼里都会成为无法解决的大事，在挫折和失败面前他们很容易屈服，失去希望。这不利于他们的成长和未来的发展。

因此，在教育孩子的过程中，家长要想办法帮助他们摆脱悲观的态度和想法。要教他们遇事时不要只想到坏的结果，要学会乐观看待，豁达处理，摆脱悲观，充满希望和信心地迎接挑战和未来。只有这样，他们才能经受住挫折，变得越来越坚强和乐观。以下是一些供家长借鉴的相关建议。

1.家长遇事不要太悲观

一些家长遇到麻烦时，往往会把事情想得很糟糕，并不断地向人倾诉或唠叨，只想得到最坏的结果。比如工作中有失误时便担心自己失业，经常把"这下完了，肯定要……""万一……我该怎么办"等充满负面情绪的话挂在嘴边。这些悲观情绪会给孩子带来不良影响，让他们在面对事情时也过于担心和悲观，不能坚强、乐观地处理。

因此，在生活、工作中遇到麻烦时，家长一定要积极乐观地处理，给孩子传递一些积极向上的正能量，让孩子看到自己的乐观和希望，让他们也学会这样的积极处理方式，不要陷入悲观情绪中不能自拔。

2.让孩子想想自己所拥有的美好事物

当孩子遭遇挫折或失败并因此感到悲观时，通常都会觉得自己什么都没有，世界一片昏暗，这时家长要出面安慰并鼓励他们，比如父母的支持和爱，朋友的理解，老师的帮助等。这些都会让孩子的心中重新燃起希望，知道即使失败也没什么大不了的，从而迅速摆脱悲观。

当孩子觉得悲观、没有希望时，家长也可以带他们到外面走走，呼吸新鲜空气，感受生活中的美丽。比如可以让他们看看美丽的花，听听悦耳的音乐等，这些美好都会打动孩子的心灵，让他们看到希望和美丽，从而走出悲观的阴影，振作起来。

3.让孩子帮别人做点事

当孩子感到悲观时，他们往往会对自己和生活失去希望，觉得自己什么都做不好。这时，家长可以让他们去帮助别人做些事。比如可以让孩子帮家里买点东西，帮朋友解决困难，或是给别人送个小礼物等。这些都会让孩子感受到别人的感谢，从而体会到帮助别人的快乐，进而开朗、乐观起来，重新对生活充满希望，不再悲观。

此外，孩子觉得悲观时家长也可以让他们自己对着镜子笑一笑。微笑是治疗悲观的良药，它能让孩子慢慢摆脱消极情绪，忘记烦恼，恢复乐观开朗。

4.让孩子学会接受现实，接纳生活中的不完美

有的孩子对自己和别人要求都比较高，期待一切都是完美的。当发现一点不如意时，便会对生活和未来失去希望，觉得一切都是那么糟糕。对此，家长要培养他们的博大胸襟，让他们以一颗宽容的心接纳这些不完美，从而摆脱悲观。

家长要告诉孩子，生活中的事十有八九都不如意，这是很正常的事。当我们发现事情和自己想象中的不一样时，如果已经无能为力，就要学着用

开阔心胸接受现实，容忍这些不完美的存在。但是不要因为这些不完美就失去全部的希望，要知道除了这些还有很多可以做得更好的事，要永远乐观向上。孩子明白了这些，就不会轻易悲观和失去希望。

使孩子不被愤怒蒙蔽双眼

浩浩今年十二岁，已经上五年级了。他平时聪明热情，大家都很喜欢他。只是他脾气有些暴躁，遇事时常常发火，不容易冷静下来。

这天，浩浩和好朋友贝贝约好到广场去看动漫展。动漫展十一点开始，两人约好十点半在广场见面。浩浩是个动漫迷，他早早地就起床洗漱，不到十点就到了广场。闲逛了一圈之后，他看看手表，发现已经十点半了，可是贝贝却还没出现。浩浩有些着急，但还是选择继续等下去。等到十一点钟动漫展已经开始时，贝贝还是没有出现。浩浩这时已经急坏了，他很想进去看展览，但转念一想，毕竟答应了贝贝要在广场先碰面，也就等了下去。

浩浩一直等到了十二点，贝贝还是没有出现。生气的他独自进入了展览现场。刚看了几分钟，突然狂风大作，豆大的雨点落了下来。动漫展的工作人员一看下雨了，便赶紧收拾东西，并宣布动漫展提前结束了。浩浩懊恼地回到了家，他觉得都怪贝贝，他不仅没按约定出现，还害得自己没看好展览。

第二天，贝贝来找浩浩。还没等贝贝说什么，浩浩就大发雷霆，把他数落了一顿。没想到贝贝比浩浩还生气，他一句话都没有说就走了，留下愤怒的浩浩一人生闷气。闻讯赶来的爸爸没来得及制止二人吵架，只能向浩浩询问情况。听完浩浩的解释后，爸爸对他说："浩浩，这就是你做得不对了，你太不冷静。至少应该先听人家贝贝讲些什么你再说话。你以后一定要控制自己，生气时要先静下来再说话。"

爸爸的话让浩浩冷静了下来，他觉得自己刚才太冲动了。他马上找到贝贝，向他道歉。这时浩浩才知道，原来贝贝昨天按时到了约定的地方，只不过他到的是动漫展的北门，而浩浩却是在动漫展的南门。这让浩浩哭笑不得。从那以后，浩浩的脾气改善了不少，再也没轻易向人发过火，遇事时总能冷静处理。

浩浩因贝贝未按时赴约而感到生气，还没听贝贝解释便大发雷霆，导致事情更僵。在爸爸的劝说下，浩浩冷静下来，并向贝贝道了歉，了解了事情的原委，也吸取了教训，懂得了冷静处事、不冲动的道理。

其实，像上例中的浩浩一样遇事易冲动发火、不冷静的孩子并不在少数。他们往往脾气暴躁，易被愤怒蒙蔽双眼。造成这种现象的原因一般有以下两种。一种是一些孩子娇生惯养，养成了唯我独尊的习惯，稍有不如意就大发雷霆，不懂得站在别人的立场考虑问题、理解别人。另一种是一些家长对孩子的小错误难以包容，总是对他们发火，给孩子带来负面影响，让他们也学得脾气暴躁。这些都会导致孩子遇事时容易被情绪支配，不能做到冷静处事，很容易做出错误的选择。长期如此，会对他们的人际交往和成长发展带来不良影响。

因此，在教育孩子的过程中，家长一定要教他们学会冷静处事，在愤怒时能迅速平静下来，以正确的方式处理事情，不要让事态更严重。只有这样，成长中的他们才能不会因为愤怒而伤害别人或做出错误的选择，才能学会理解别人的难处。这对他们的人际交往和成长发展来说都是很重要的。以下建议供家长参考。

1.愤怒时深呼吸或冥想

家长可以教给孩子，在觉得生气、愤怒时，可以通过深呼吸或冥想等方式来让自己放松，从而平复情绪，冷静下来。愤怒时，先静下心来做个深呼吸，想象自己的愤怒被呼吸带走，自己已经没有怒气，逐渐让自己放松下来。也可以建议孩子到室外呼吸新鲜空气，这会让他们感到轻松惬意，迅速冷静下来，反思自己。

同样，家长也可以让孩子通过冥想的方式冷静下来。家长可以引导孩子想象一些美好轻松的画面，比如小溪、草地、欢笑的儿童等，也可以让孩子想想以前与朋友在一起的欢乐场面，并不断地对自己说"冷静下来"。这些都会让孩子暂时忘记不愉快，从愤怒中平静下来，冷静地去处理这些事情。

2.告诉孩子，即使心里愤怒也不要做过激的事

家长要告诉孩子，当与别人产生矛盾，感到愤怒委屈时，即使很生气，也要控制自己，不要做出过激的事或说过激的话。家长要让孩子明白，不加控制的行为或语言只会让事情更僵，还会伤害到别人。所以，在说话、行动之前要充分考虑后果。可以让孩子有了想法后数够十秒再说话或行动，以免冲动下的行为或语言让事情更糟糕。

3.愤怒时先不要交谈，到别处冷静冷静

家长也可以告诉孩子，与别人产生矛盾并感到愤怒时，两人先不要进行

交谈，先到别的地方冷静一下。冷静时可以想想对方与自己的友谊，想想两人以前一起度过的快乐日子，想想他对自己的帮助。这些会让孩子迅速冷静下来，即使对方有错，孩子也已经不那么愤怒，会选择体谅。

也可以让孩子通过一些合适的方式来发泄心中的愤怒。比如可以找几个沙袋打打，或是在操场上跑几圈，并大喊出来；也可以找人倾诉心中的苦闷。这些方式能帮助孩子发泄怒气和情绪，然后冷静下来。再去交谈时，孩子就能理性对待了，这有助于事情得到解决。

避免孩子陷入自暴自弃的困境

小杰今年十三岁，已经是个初二的中学生了。他平时学习刻苦努力，上课总是认真听讲，作业也是按时完成，还经常帮助同学解决难题。他的成绩一向很好，在班里总是名列前茅。最近，他正在为即将到来的期末考试做着紧张的复习。

考试这天，小杰胸有成竹地步入了考场。他想，自己复习得不错，考试应该没什么大问题。有了这种想法，做题时他便有些放松甚至是懈怠，有的题题目还没读完就开始动笔写了，做计算题时也不再验算。结果他的物理考得很糟糕，很多题都是由于计算出错或没审清题意而丢分的。他的总成绩因此下降不少，很多平时不如他的同学这回都超过了他。

小杰对自己很失望。他想，看来是我太笨了，这次的题目这么简单，而且自己复习得很好，结果还考成这样，真丢脸。他觉得自己什么也做不好，还不如干脆就放弃。从那天开始，他再也不好好听课了，作业也是一塌糊涂，有时还抄同学的作业。

老师把小杰的情况反映给了他的父母，妈妈决定与小杰谈一下。小杰告诉妈妈，自己对学习已经没有什么信心和希望了，反正也已经这样了，随便怎样发展吧。看到小杰这样自暴自弃，妈妈严肃地对他说："小杰，妈妈不允许你这样放弃自己。是，你这回是没考好，可你分析过原因吗？妈妈告诉你，没考好是因为你在考场上不认真，轻敌了，并不是说你真的就不如别人、笨，你是很优秀的孩子，想想你以前的成绩。再说了，爸爸妈妈对你寄托了很大的期望，你不可以轻易放弃自己，让我们失望啊！"

妈妈的话让小杰警醒。是啊，自己根本不笨，而是很优秀的啊！父母对自己寄托了很多期望，不能让他们落空、伤心啊！从那以后，他再也没自暴自弃过。不管遇到什么挫折和困难，总是能够迅速振作起来，充满希望和斗志。

小杰在考试发挥失误、成绩下降后，觉得自己很糟糕，失去了希望，选择了自暴自弃。在妈妈的帮助下，他明白了考试失败的原因，感受到了父母的期望，恢复了信心和斗志，振作起来，努力做得更好。

其实，像上例中的小杰一样，遇到困难挫折时总是丧失信心和希望，甚至自暴自弃的孩子并不少。这种现象主要有以下两个方面的原因：一方面，一些孩子对自己要求过高或是家长对他们要求过高，事情很容易让他们失望，从而导致他们失去信心；另一方面，有的孩子抗打击能力弱，一点点困难就会击溃他们，让他们对自己失去希望，自暴自弃。这些都会导致孩子面对失败或困难时容易选择放弃，这对他们的学习和成长都是不利的。

因此，家长在教育孩子的过程中，要教他们学会坚强和乐观，不管遇到什么困难都要冷静地分析原因、汲取教训，振作起来，千万不能失去信心和希望，全盘否定自己，觉得自己什么都做不好，甚至放弃自己。只有懂得振作和坚强，他们才能从容地应对各种挫折，慢慢成长起来。以下是一些供家长借鉴的相关建议。

1.让孩子知道，父母对他们寄予了期望

当孩子被困难击倒，打算放弃自己时，家长可以给孩子讲讲自己对他们的期望，让他们明白，自己是被寄予厚望的。如果他们轻易放弃自己，那些相信他们的人就会失望和伤心。家长也可以给孩子讲讲，对于父母来说，他们是有责任的，放弃自己就是放弃了自己的责任。家长也可以表示对孩子选择自暴自弃、不再努力的失望。这样会让孩子有使命感和责任感，从而振作起来，不会再放弃自己让人失望和伤心。

2.让孩子想想自己的优点，意识到自己的价值

当孩子在困难和挫折面前选择放弃自己，"破罐子破摔"时，家长可以让孩子想想自己的优点，想想自己比别人强的地方或是被人表扬过的特点。这些都会让孩子意识到，自己并不是什么事都做不好，自己是优秀的。比如当孩子成绩不如意时，家长可以夸赞他们的运动水平，或是帮他们回忆一下以前曾取得过的优异成绩，让他们明白，只要自己努力，也是可以很优秀的。然后逐渐振作起来，走出失败的阴影。

3.给孩子讲讲别人的成就，让孩子树立远大理想

当孩子因失败而选择自暴自弃时，往往会觉得没有目标，什么事都不想做，失去一切希望。这时，家长可以给他们讲讲那些名人的传奇故事或是身边人的成就，以此激励他们，从而帮助他们树立远大理想，知道自己究竟想做什么，然后振作起来，努力完成目标。比如可以给孩子讲讲著名导演张艺谋在电影方面的杰出贡献，激发他们的好奇心和进取心，逐渐走出失败的阴影，找到自己的理想并肯为之努力，自然就会振作起来。

4.帮助孩子分析失败原因，做出提高计划

面对困难，当孩子选择自暴自弃时，他们往往已经不会再去理性地分析自己失败的原因，只是一味地否定自己，觉得自己什么都做不好。这时，家长要帮助他们分析失败原因，看究竟是孩子的哪些缺点或是哪些客观因素导致了最终的失败。这一方面能让孩子清楚自己的缺点，另一方面也可以让孩子知道，失败并不完全由他们导致，是有客观原因的。这会让他们不再全盘否定自己，从而重新燃起希望和自信。同时，家长也要帮着他们根据自己的缺点制订具体可行的提高计划，这会让他们拥有动力和信心，振作起来，摆脱自暴自弃的负面情绪。

第5章
教孩子在逆境中
也要保持乐观的心态

在逆境中要放大孩子的亮点

明明今年十三岁，已经上初一了。自从开学以来，他总觉得功课比小学时难了不少，不知道该怎么学。虽然他平时很努力，但成绩却没什么起色。

最近，老师打算组织一次数学测验，她让大家好好准备。明明觉得自己基础不扎实，必须用心复习。他把课本看了一遍，还做了不少题目。但当测试卷发下来时，他发现自己还是有很多题不会做，一点思路都没有。再加上觉得很紧张，不少会做的题都没来得及做。最终，他的数学测试没及格。

爸爸知道这件事后，顿时火冒三丈。他觉得自从升入初中后，明明的成绩就一直没有进步，在班里也处于中下水平，肯定是不好好学。他把明明叫过来狠狠地数落了一顿，批评他不努力学习，成绩不及格让人丢脸。并警告他，如果再这样下去，根本考不上什么好高中，更不用说心仪的大学了。

爸爸的态度把明明吓坏了。本来他对自己就够失望了，不知道该怎么学才能提高成绩，总觉得自己笨。爸爸的话让他对自己更没信心了，甚至开始自暴自弃，觉得反正也学不好，干脆就不学了。渐渐地，他的成绩比以前下降得更快了。

在明明的学习遇到困难、成绩不及格时，爸爸不仅没有安慰、鼓励他，让他看到自己的闪光点，反而严厉地批评了他，导致他对自己更没信心，对学习也失去了兴趣，开始自暴自弃，成绩下降得更快。

生活中，不少家长都像上例中明明的爸爸一样，当孩子遇到困难和挫折时，因一时愤怒和对孩子的失望而对他们发火，过分严厉地批评他们，企图以此让他们振作起来，却没有对他们进行安慰或鼓励，也没有帮他们分析出现问题的原因，更不用说让他们看到自己的优势和闪光点了，结果导致他们对自己更没信心。长期如此，孩子容易变得没有自信、遇事易产生悲观心理并一蹶不振，不会向家长寻求帮助。这对他们的成长是很不利的。

因此，当孩子遇到困难时，家长不能一味地批评指责他们，要适当地鼓励他们，让他们看到自己优秀的地方。越是身处逆境，孩子就越是没有自信，需要家长的鼓励和帮助。这时家长要放大他们身上的亮点，让他们知道自己的优势，不要只看到自己的缺点和失败。只有这样，孩子才能变得乐观、振作起来，以后面对困难时能更有勇气和自信。以下建议供家长参考。

1.对孩子的一些特点要具体事情具体看待

小兵今年上四年级，是个聪明伶俐的小家伙。

期末考试来临了，准备充分的小兵信心满满地上了考场。没想到考数学时，他却被一道选择题给难住了。他在其中的两个选项间犹豫不决，不知到底该选哪一个。时间就在他的犹豫中浪费掉不少，做后面的大题时他很紧张，担心自己写不完，计算也总是出错。结果他有几道题都没来得及做，成绩很不理想。这让他很是沮丧，觉得自己总是考虑过多。

回到家后，小兵把这件事告诉了爸爸。看着灰心的他，爸爸笑着说："小兵，没必要这么沮丧啊。爸爸知道，你平时对自己要求严格，什么事都想要做到最好，所以遇事才考虑得那么全面，不轻易做选择。虽然这次你的成绩下降跟这种个性不无关系，但爸爸觉得这种个性并不完全就是缺点，在某些情况下它也是很难得的优点的！所以你不必这么在意。"

爸爸的话提醒了小兵，是啊，在一些重大的选择面前，就是该多加考虑，否则很容易带来严重后果的。渐渐地，小兵走出了考试失败的阴影。

在小兵遇到挫折时，爸爸冷静地分析了他的个性，告诉他考虑得多并不完全是缺点，有时也是一种优势。这让小兵看到了自己的亮点，开始振作起来。

因此，对于孩子的一些个性，家长要全面分析，冷静看待。一些所谓的"缺点"在某些情况下却可以成为孩子的优势，而且失败的原因是多方面的，有时问题并不在孩子身上。家长要让孩子明白这一点，从而帮助他们看到自己的亮点。

2.用孩子以前的优秀表现来让孩子看到自己的优势

小美今年十三岁，刚刚升入初一。她最近很是烦心，因为她的成绩开始下降了。

这天，妈妈看到写作业的小美在发呆，便过去询问情况。小美告诉妈妈，上初中以来的成绩那么糟糕，自己都不想学了，书也看不进去。看着一脸愁容的小美，妈妈对她说："宝贝，以前你可不是这样的啊。在妈妈心里，你一直是个努力、有冲劲的小姑娘，从来不肯轻易认输。你还记得三年级时吗？那时候你刚刚开始学习英语，有点跟不上。可还没等妈妈鼓励你呢，你就对我们说，你要比以前更努力，你相信自己一定可以学好英语的。如今你也应该拿出那种干劲，迎头赶上。妈妈相信你一定是最棒的！"

妈妈的话给了小美很大动力。是啊，自己一直是那么好强，这次怎能轻易放弃呢？一定要努力，迎头赶上！凭着这股劲头，她的成绩很快便有了大的进步。

当小美感到压力大、不想看书时，妈妈用她曾经的经历来鼓励她，让她知道自己一向是好强、不认输的，给她动力和勇气，从而帮助小美恢复了自信和乐观。

当孩子遭遇挫折，感到灰心时，家长可以用孩子以前的优秀表现来让他们看到自己的亮点和优势，意识到自己还是优秀的，并不像自己想象的那么糟糕，从而振作起来，勇敢地面对挫折，想办法解决问题。

3.告诉孩子，自己与名人有同样的优点

当孩子遇到挫折、身处逆境时，家长也可以找一些相似的名人故事和历史典故来鼓励他们。比如当孩子学习打篮球时遇到困难想要放弃时，家长可以告诉他们，篮球运动员姚明在学习打篮球的过程中也遇到过困难，而且孩子跟他一样是有潜力的，相信他们通过努力一定能成功，以此来鼓励孩子不要放弃。当孩子遭遇一连串失败和打击时，家长可以给他们讲讲美国总统林肯的故事，并找找他们与林肯总统的共同点，告诉孩子要相信自己并向美国总统林肯学习，不要轻言放弃。这样做会让孩子看到自己的亮点和优势，树立起榜样，拥有奋斗的动力，遇到挫折时能通过榜样的力量勉励自己，使自己充满勇气和信心。

孩子失败时，家长要信任和鼓励他

小薇今年十岁了，是个漂亮可爱的小姑娘。平时很喜欢看些与舞蹈有关的节目，她的梦想是成为一名舞蹈家。

这天，小薇陪妈妈到商场里买衣服。这时，她突然被街上的一则舞蹈班招生广告吸引了。看她这么感兴趣，再想到她平时就很喜欢看些与舞蹈有关的节目，妈妈决定为小薇报名，让她去学习跳舞。小薇高兴极了，蹦蹦跳跳地跟着妈妈去报了名。

没想到第一节课就让小薇感到沮丧。她没想到跳舞那么难、那么复杂，竟然还要学习压腿、练站姿，老师还说这些只是基本功。再加上她的年龄相对来说已经比较大了，这些动作都不太容易做好。老师叮嘱她回家后多做练习，否则会跟不上的。小薇很忐忑，不知自己究竟能不能学好舞蹈。

在家里练习压腿时，小薇不断地叫苦叫累，却又不愿意放弃学习舞蹈，最后竟然哭了起来。看到她这么吃不了苦，爸爸感到很失望。他气愤地对小薇说："别学了，这么点苦都吃不了，什么事都干不成。我看你不是学舞蹈的料，趁早放弃吧，别白费力气了。"

听完这话，本来就没有底气的小薇更不自信了。她想，连爸爸都不相信我了，看来我一定学不好舞蹈的。她因此对学习舞蹈懈怠了很多。不仅如此，从这件事情之后，不管是学习还是做其他事，小薇总会想起爸爸那几句话，觉得自己什么都做不好，感到很是自卑。

在小薇不确定自己能不能学好舞蹈、对自己产生怀疑时，爸爸不但没有对她进行肯定和鼓励，反而说她一定学不好。这让小薇对自己更没信心，甚至有了心理阴影，觉得自己什么都做不好，变得自卑怯懦。

生活中，在孩子遇到挫折、产生放弃的念头或是表现出不耐烦时，有的家长便会出于愤怒或失望等情绪而对孩子大加指责，表达对他们的失望，不相信他们可以把事情做好。这种不信任会让孩子更没信心，觉得连父母都不相信自己，那自己肯定做不好。甚至会留下心理阴影，遇事容易自我否定、不自信。这对他们的成长和发展是很不利的。

因此，当孩子身处困境时，家长一定要及时表达自己的信任和期望。要告诉孩子，不管他们有多失败，事情有多糟糕，父母都相信他们是最优秀的，只要他们努力，事情是可以变得更好的。只有这样，孩子才能在父母的信任中恢复自信，获得勇气，变得乐观，失败时能以最快的速度走出阴影。以下是一些供家长参考的建议。

1.失败是必经过程，名人也曾失败过

当孩子遭遇失败的时候，家长要尽量平复自己的情绪，不要由于愤怒而轻易对孩子发火。家长应该明白，有时失败是一个必经过程，那些杰出的人也曾失败过，新东方创始人之一俞敏洪参加过三次高考，而发明家爱迪生发明灯泡则失败过一千多次，阿里巴巴集团创始人马云的创业经历也是一波三折。所以家长要宽容孩子的失败，不要轻易对他们失望或发脾气，要相信他们是会成功的。

家长不仅要通过这些懂得宽容孩子的失败，还要把这些讲给孩子听，让孩子明白，失败并不是什么大不了的事，不要因一次失败就全盘否定掉自己。可以把那些名人失败的故事讲给孩子听，让孩子知道并不是只有他们经历过失败，那些杰出的人同样遭遇过。所以不要轻易对自己失去信心，要振作起来，努力做得更好。这样孩子就会感受到家长的信任和鼓励，会恢复信心，变得乐观和勇敢，不会一蹶不振。

2.换位思考，想想自己小时候的失败

当孩子遇到挫折感到灰心时，家长不要急于批评、指责他们，可以试着通过换位思考来理解他们的失败和他们此时此刻的心境。可以想想自己小时候有没有遭遇过失败，失败时自己的父母是怎样对待自己的，自己又期望得到怎样的鼓励等。这样的换位思考能帮助家长宽容孩子的失败，了解他们的心情和所需鼓励，不会轻易斥责孩子，会选择信任他们。

理解了孩子的失败和心情后，家长就要试着让孩子感受到自己的信任和鼓励了。可以给他们讲讲自己小时候失败的经历，让他们知道失败很常见，父母也曾失败过。然后借鉴小时候父母对自己的鼓励来安慰和帮助孩子，让他们感受到自己的信任，知道不管怎样，父母都相信他们是会成功的，从而走出失败的阴影，变得开朗乐观。

3.告诉孩子，失败会让他们发现不足，变得更优秀

当孩子遭遇失败时，家长要明白，这只是暂时的，孩子不可能永远失

败。而且"失败乃成功之母",孩子会从失败中学会反思,发现自己的不足并努力弥补,从而成长为更优秀的人,可能取得的成功和发展也更卓越。明白了这些,家长就能做到对孩子失败的宽容,知道失败对孩子来说并不完全是坏事,而是他们成长过程中的一个转折点,只要把握得当,他们会因此更优秀杰出。

因此,在孩子遇到困难或遭遇失败后,家长不仅要宽容、理解他们,而且要鼓励他们,并引导他们从失败经历中学会反思,寻找自己失败的原因,反思自己的缺点和不足并着手改正。家长要告诉孩子,相信他们会通过这次失败让自己变得更优秀,成功到来得更快。这样孩子便会感受到家长的信任和支持,也会知道该怎样从失败中总结经验教训,让自己成长。

4.用语言和行为表示自己的信任

孩子遭遇失败时,家长首先要从内心深处理解并宽容孩子,然后要多说些支持鼓励的话,直接让孩子感受到自己的信任和支持。比如说些"别灰心,爸爸妈妈相信你可以做得更好""失败只是暂时的,相信你早晚会成功的"之类的话。这些都会让孩子感受到父母的信任和家庭的温暖,重新振作起来。

当然,家长的信任和支持不能仅仅停留在口头上,还要在行动上表示出来。首先,肢体语言是一种很好的沟通方式,一些肢体上的接触能很好地表达家长的信任。通过拥抱、拍打孩子肩膀或抚摸孩子头发等方式,家长可以把信任感很好地传达给孩子,让孩子感受到更真切的爱。其次,在孩子失败后准备挽回或改正时,家长也要提供支持,不管是经济上的还是行动上的,都要让孩子知道,父母是他们身后的支持,永远站在他们这一边。孩子意识到这些,就会充满底气和自信,会乐观地看待自己的失败经历。

当孩子消沉时，用兴趣激发孩子的乐观心态

亮亮今年九岁，是个三年级的小学生。

升入三年级后，学校为大家增设了英语课。这门大多数同学都很喜欢的课程却让亮亮感到很困扰，他不喜欢学习英语，那些音标、字母都把他搞得一塌糊涂。期中考试中，他的英语没能及格。亮亮因此灰心丧气，情绪很不好。

回到家后，亮亮把英语没及格的事告诉了爸爸，并说自己对学习英语都没有信心了。爸爸没说什么，只是提议亮亮去跟他打会羽毛球。那是亮亮最喜欢的运动。

打了一个多小时的羽毛球后，亮亮出了很多汗，心情也舒畅多了。这时，爸爸抚摸着他的头对他说："亮亮，还记得你当时学羽毛球的情景吗？那时你总是学不会发球，爸爸就带着你一直练，一直练，你从来没说过泄气的话。后来你终于学会了发球，羽毛球还成了你最喜欢的一项运动。如今也是一样啊，别看你现在不怎么喜欢英语，可是只要你好好学，说不定英语还会成为你最喜欢的一门科目呢。"

听了爸爸的话，亮亮的灰心一扫而空。是啊，既然他能学好羽毛球，还能把它发展成最爱的一项运动，那么英语应该也是能学好的！从那以后，他开始在学习英语上下功夫。晨读、背单词、看相关资料，一

项不落。他的英语成绩很快便有了进步。

在亮亮因英语没及格感到灰心丧气时，爸爸带他玩最喜欢玩的羽毛球，发泄了情绪；又通过练习学羽毛球的经历，让他对学习英语产生了兴趣和动力，也变得乐观起来，开始下功夫学英语，成绩很快便有了进步。

当遭遇失败时，很多孩子都会一蹶不振，对所做的事也提不起兴趣，不愿意接着努力。如果此时家长不加以引导，让他们对所做的事产生兴趣并愿意通过改正错误和努力获得成功，他们可能会选择放弃。长此以往，孩子还会变得悲观，遇到一点点困难就会选择放弃，不利于他们的学习成长和未来的事业发展。

因此，当孩子遇到挫折或失败，并因此情绪消沉时，家长可以通过引导他们对所做的事产生兴趣来让他们学会乐观看待失败，有自信和勇气重新开始。只有这样，孩子才能养成乐观心态，遇事不会轻易放弃，会凭着兴趣的指引继续努力。这有利于他们走出失败阴影。以下建议供家长借鉴。

1.培养孩子广泛兴趣，让他们通过喜欢做的事宣泄情绪

为了帮助孩子乐观地面对失败，能让他们较快地走出失败带来的消沉情绪，家长不仅要培养他们对所做事情的兴趣，还要像上例中亮亮的爸爸一样，培养孩子在其他方面的广泛兴趣。当他们因失败而感到灰心、消沉时，就能通过做自己喜欢的事来发泄情绪并得到鼓励，然后乐观地面对困难和失败。

在平时的生活中，家长要注意培养孩子广泛的兴趣。只做有限的事情总会让孩子感到厌倦，如果感兴趣的事情比较多，激发他们的兴奋点就会多，因失败感到消沉失落时也就能通过较多方式让自己振作起来，有助于他们变

得开朗乐观。比如可以培养他们对运动的兴趣，这样他们在学习上遇到困难时就会想，虽然在学习上遇到了困难，但我运动不错啊，相信学习上的困难也可以解决的。时间长了，他们的乐观心态也就培养起来了。

2.从事情中寻找孩子感兴趣的部分，让他们从此入手

佳佳今年十三岁，刚刚升入初中。

在老师组织的一次小测试中，佳佳的物理没有及格。这更让她感到灰心，对物理一点兴趣都没有了，甚至产生了放弃的想法。从那以后，她物理课不好好听了，作业也不好好写了，回家后也不再看与物理有关的资料。

发现这一现象后，佳佳的妈妈问她为什么不好好温习物理了。佳佳告诉妈妈，自己对物理已经没有信心和兴趣了，再也不想学物理了。听完佳佳的话后，妈妈对她说："宝贝，你怎么能这么容易放弃呢？妈妈记得你喜欢推理，小时候还特别喜欢看柯南对吧。那你就应该喜欢学物理啊。你想，那些公式的推导跟案件的推理多像啊！一步一步，由已知推未知，最终得出结论。冲着这一点，你也应该试着学学物理。"

妈妈的话使佳佳对物理产生了兴趣，是啊，自己不是喜欢逻辑和推理吗，为什么不试着学学物理呢？从那以后，她对物理萌生了兴趣和热情，成绩很快得到了提高。

当佳佳因考试失败而对物理失去兴趣，不想再学时，妈妈利用她喜欢推理这一特点，激发了她对学习物理的热情，使她开始认真学习物理，成绩很快得到了提高。

当孩子遭遇失败并感到消沉、对所做的事失去兴趣时，家长可以利用孩子的爱好，在他们所做的事情中找出他们感兴趣的部分，并以此激励孩子，让他们从这一点入手，重建信心和兴趣，振作、乐观起来，走出失败阴影。

3.利用孩子的好胜心来激发兴趣和乐观

彬彬是个三年级的小学生。最近他正在爸爸的陪伴下学习游泳。

彬彬本来对游泳是充满向往的，可他没想到自己竟然学了一个多月还是没学会。这让他感到沮丧，他不想再学游泳了。当他把这个想法告诉爸爸时，爸爸并没有批评或者劝告他，而是笑着对他说："我就知道你学不会。要不咱俩打个赌吧，我觉得你就是再学一个月也还是学不会。"

听到爸爸这样说自己，彬彬不禁感到生气。他想，爸爸说我学不会，我偏要在一个月内就学会，用行动告诉他我可以做到的！从那天开始，他再也不像以前一样怕苦怕累，一有时间就去游泳馆练习，虚心跟教练请教。不到半个月，他的游泳技术就已经很熟练了。当他展现给爸爸看的时候，爸爸露出了欣慰的笑容。彬彬这才明白，原来这些都是爸爸的"激将法"。

当彬彬一直学不会游泳，感到挫败时，爸爸没有批评指责他，也没有从正面鼓励他，而是与他打了个赌，利用他的好胜心实施了激将法，使他对游泳产生了兴趣，也不像以前一样轻言放弃，很快便学会了游泳。

当孩子因失败感到消沉时，家长可以利用他们的好胜心，与他们打一个赌或是来场比赛，以此激发他们对所做的事的兴趣，恢复乐观和热情，能够振作起来，努力把事情做好。此外，家长也可以利用孩子的榜样以及他们想要变得更优秀的想法来激励他们，使他们变得乐观。

让孩子明白，父母永远是他们的后盾

小峰今年九岁了，是个活泼机灵的小男孩。平时在学校里经常捣蛋，常常搞些恶作剧捉弄同学。为此，老师经常给小峰的父母打电话反映情况。但父母的劝告对小峰起不了多大作用，他依然我行我素。慢慢地，父母也就不怎么说他了，大家都觉得很无奈。

这天，老师告诉大家，学校要举办田径比赛，鼓励大家踊跃报名。小峰平时喜欢跑步，跑得也很快，他觉得自己应该能拿到一个不错的名次，就报了三百米。比赛时他才发现，人外有人，原来比他优秀的人有那么多！虽然他发挥得不错，但连决赛都没有进去。

这下小峰受了不小的打击，他没想到自己的名次这么差，连决赛都不能入围。联想到父母最近对自己在学校的表现已经不那么关心和在意，也不怎么说他了，他感到很是害怕，觉得父母会不会因为他不优秀已经对他失去了希望。想到这里，他甚至大哭起来。

听到哭声，妈妈赶紧过来询问情况。知道了小峰哭泣的原因后，妈妈对他说："傻孩子，爸爸妈妈怎么会不管你呢？你在学校里的表现我们都知道，也说了你很多次，但你就是不听、不改，爸爸妈妈都很无奈，暂时又想不到更好的解决办法，最近也就没怎么说你。至于田径比赛这件事就更不成问题啦！这算什么失败啊，虽然你没取得名次，但你已经尽力了啊，我们怎么会对你失去希望呢？就算是失败，爸爸妈妈也不会放弃你。你要记住，不管你遇到什么事，爸妈都是你坚强的后盾，永远不会离开你、放弃你，你永远是我们的宝贝。"

听了妈妈的话，小峰瞬间感到了温暖。他觉得一定要努力，让父母放心、开心。

在小峰因自己的失败感到心灰意冷甚至担心父母对自己失去希望时，妈妈及时安慰了他，并告诉他无论发生什么事，遇到怎样的困难和失败，父母都不会放弃他，他都是父母最重要的宝贝。这让小峰振作起来，变得乐观。

生活中，不少家长在孩子遇到困难或遭遇失败时，都会斥责孩子一顿，甚至对他们大发雷霆，有时还会说出"再这样我就不要你了"之类的话。这主要有以下两种原因：有的家长是出于对孩子的失望和气愤才这样对待孩子，有的家长则是期望通过这样的方式让孩子警醒，使孩子能够变得优秀。然而，这样的方式却会让孩子觉得父母已经对自己不抱希望了，准备放弃自己了，没有安全感，遇事时会更多地往坏的方面想，难以做到乐观向上。长此以往，他们的人际交往和成长都会受到不良影响。

因此，在平时的生活中，家长要让孩子明白，不管发生什么事，不管孩子遭遇了怎样的失败和挫折，父母都是他们永远的依靠，他们在父母眼里永远是最重要的宝贝。只有这样，孩子才能有安全感，遇事才会乐观对待，才能健康成长。那么，家长怎样做才能让孩子感受到自己的支持呢？以下是一些供家长借鉴的相关建议。

1.告诉孩子,有些事做不到没关系

生活中,一些孩子对自己要求过高,要求自己事事做到最好。每当一件事做得不如意时,便会对自己产生怀疑,觉得自己不够优秀,还会担心父母对自己失去希望,自己失去别人的信任。久而久之,这些孩子便会觉得没有安全感,患得患失,处于一种焦虑的状态中。这对他们的人际交往和成长是极为不利的。

因此,家长要告诉孩子,有些事做不到、做不好也没关系,他们仍然是优秀的。比如当孩子苦练篮球却仍是打不好时,家长可以告诉他们,虽然篮球打得不好,但他们乖巧懂事,在父母眼里是最优秀的等。这样做会让孩子感受到父母的支持和家庭的温暖,学会全面、乐观地看待问题。

2.让孩子知道,不管别人怎样说,父母眼里孩子是最棒的

一些孩子过于在意别人对他们的看法,当听到别人提及自己的不足时,便会有一种挫败感,觉得自己不优秀,让人失望。对此,家长要让孩子明白,不要太在乎别人对自己的看法。不管别人怎样看待他们,在父母的眼里,孩子永远都是宝贝。也许有些事在别人看来是失败,但在父母的心里,孩子永远都是最优秀的。这样孩子就会感受到父母的爱和支持,会以乐观的心态面对一切。

当然,并不是说对别人的所有看法都应不在意。有时孩子自己意识不到自身的一些缺点,当别人提出时就应该认真听取意见并仔细想想自己是否有这些不足。当与别人有矛盾或误会产生时,也应该耐心听听别人的解释和说法,以便澄清事实,解决问题。只有这样,孩子才能真正成长起来。

3.帮助孩子分析失败原因、解决问题

当孩子遭遇失败并感到失落时,家长不仅要安慰、鼓励他们,还要帮

着他们解决问题。比如首先要做的便是帮助孩子分析失败原因，从而改正错误。这样做不仅能帮助孩子较快地解决问题并有所提高和成长，还能让他们明白，虽然我失败了，但父母并没有放弃我，他们仍在关心我、帮助我，这有助于他们养成勇敢乐观的处事方式。

当孩子解决问题需要经济上的支持时，家长要及时提供帮助。比如当孩子不小心打碎别人家的玻璃却没有足够的钱来赔偿时，家长要及时帮他们赔付。这样做会让孩子知道，父母永远是他们的后盾，不管他们犯了什么错、遭遇了什么挫败，父母都是爱他们的，会帮助他们解决问题的，不会放弃他们。这有助于他们的乐观精神的培养。

4.对孩子不能过于保护，要适当放手

虽然对培养孩子的乐观来说，让他们感受到父母的爱和支持很重要，但家长同时也要注意，对孩子不能过于保护，要适当放手。因为如果家长对孩子的一切都包办，发生了错误替他们道歉、解决，而他们自己什么都不做，反而会对他们造成纵容，让他们觉得犯错和失败也没什么大不了的，反正有父母替我解决呢。这不利于他们的独立和责任感的养成。

因此，当孩子遭遇失败或遇到困难时，家长在帮助他们的同时要把握好限度，不要使他们形成依赖。比如当孩子与朋友产生矛盾并且孩子有错时，家长要告诉孩子，犯错就要道歉，鼓励他们自己解决问题。这样做既让孩子学会了独立解决问题、不依赖父母，又让孩子感受到了父母的爱和帮助，有助于他们养成乐观积极的心态。

告诉孩子，再糟糕的事也有乐观的一面

凯凯今年十岁了，是个懂事听话的孩子。

很快就要进行期末考试了，大家都在进行着紧张的复习。没想到就在这时，市里却要举办围棋大赛了，那可是凯凯最喜欢的活动！凯凯就赶紧报了名。他希望能取得一个好成绩。可没想到初赛中他就被淘汰了，连复赛资格都没取得，这让他很是沮丧。

回到家后，凯凯闷闷不乐。询问原因后，爸爸笑着对他说："宝贝，爸爸给你讲一个故事吧。从前有两个人一块喝牛奶，突然砰的一声，两人都把杯子打翻了。他们赶紧把杯子扶起来，发现两杯牛奶都是少了一半。这时，其中一人就想，好好的一杯奶，现在成了半杯了，真是可惜，结果这人就在闷闷不乐中度过一天。另一人却想，幸亏没有全打翻，不然连一口牛奶都喝不上了！结果这人在庆幸和感恩中度过了愉快的一天。你看，同样的一件事，不同的角度去思考，结果大相径庭。你能明白我的意思吗？"

看凯凯不说话，爸爸抚摸着他的头继续讲道："孩子，你现在遇到的就是一个这样的问题。你看，你围棋比赛成绩不好，没进入复赛，这的确是事实。你现在不开心是由于你只想到了不好的一面，那就是觉得自己棋艺不好，所以不开心。可是为什么不多想想好的那一面呢？你看，你现在不用参加复赛了，为期末考试腾出了复习时间，可能会考得更好；而且由于有了比赛经验，你在围棋方面就知道自己的不足了，棋艺肯定能得到提高。所以，你现在应该高兴啊，没必要闷闷不乐。"

听完爸爸的话，凯凯仔细一想，还真是那么回事，他得到的比失去的要多啊！这么一想，他的不开心便烟消云散了。他积极地投入到了期末的复习中。

在凯凯因围棋比赛的失败而感到灰心时，爸爸引导他看到了积极有利的一面，阻止了他钻牛角尖，让他学会了从积极的角度考虑问题，从而走出了失败的阴影，能乐观地面对问题、解决问题。

生活中，不少孩子都像上例中的凯凯一样，遇事时只能看到糟糕的一面。如果家长不加以引导，他们就会形成这样的思维定式，不管什么事都只能看到不好的一面，不懂得从积极有利的角度出发去思考问题，长期如此，孩子就会变得悲观，遇事容易因只看到不好的一面或把问题想得过于严重而放弃。这对他们的成长是不利的。

因此，在教育孩子的过程中，家长要让他们明白，任何事情都有两面性，再糟糕的事也有其积极乐观的一面。看待问题时要全面，不要只看得到"打翻了的牛奶"，还要能看到"杯里剩下的牛奶"。只有这样，遇事时才能乐观积极对待，从而想出对策解决问题，让自己更轻松从容，人生路走得更开阔。以下建议供家长借鉴。

1.告诉孩子，有得必有失，但是不要只看自己的失

家长应该让孩子明白，做任何事都是要付出代价的，有得必有失。就算是那些杰出的成功人士，在得到财富或名望的同时，他们也失去了一些东

西。比如失去了陪伴家人的时间和精力，失去了很多隐私空间，失去了很多平凡人的快乐等。所以说，得失偕行是最正常的，不必为自己所失去的感到不平衡和不开心。

同时，家长要让孩子明白，既然得失同存是正常的，就不要只看得到自己的失，要多想想自己得到的东西。家长要告诉孩子，如果每个人都计较着自己所失去的东西，那这个世界将会变成什么样子？肯定是充满怨愤和悲观。所以遇事不要只看自己的失，要做一个容易满足的人，想想自己得到些什么，然后乐观、从容地接受事情。

2.多与乐观的人接触，听听别人对事情的看法

俗话说，近朱者赤，近墨者黑。与乐观的人接触多了，孩子自然也就轻松活泼起来。因此，家长在生活中要让孩子多接触那些开朗乐观的人，让他们学会多从积极的角度思考问题，逐渐成长为一个乐观向上的人。当然，家长在生活中也要注意自身的引导作用，要为孩子树立一个好榜样，遇事不要一味地发牢骚、抱怨，要多看到积极的一面，并引导孩子这样做。

除此之外，家长也可以教孩子遇事时尤其是感到郁闷时适当听听别人对事件的看法和意见。不同的人思维方式不同，看问题的角度也就不同。也许某些在孩子看来是倒霉、糟糕的事在别人眼里却是幸运的。让孩子听听别人的看法有助于他们集思广益，从多个角度看待问题，尤其是积极乐观的角度。久而久之，孩子的思维方式也会发生改变，会变得乐观向上。

3.告诉孩子，对事情的看法决定着事情的发展方向

家长要告诉孩子，生活就是面镜子，你对它笑它就对你笑，你对它哭它就对你哭。有时，我们对事物的看法往往决定着事情的走向。因为情绪会影响我们的行为，而行为决定过程，过程决定结果。就像上例中打翻牛奶的故

事一样，你只看到打翻的牛奶，就会悲观地过一天；你庆幸自己还剩下半杯牛奶，就会开心地过一天。不同的角度决定了不同的一天。

因此，家长要告诉孩子，为了让事情朝着积极的方向发展，他们就要学会从积极乐观的角度去看待、思考问题，找出最适合的解决方法来挽回或弥补。只有这样，我们才能乐观起来，才会想出最好的解决办法，事情才会朝着最理想的方向发展。

4.让孩子想象更糟糕的结果

打翻牛奶的事例中，感到悲观的人是因为他把目前的结果与之前的满满一杯牛奶的结果进行了比较，自然感到不平衡、不开心；感到庆幸的人是因为他把目前的结果与牛奶全部打翻的结果进行了比较，自然觉得庆幸、感恩。同样一件事情，把不同的结果作为参考系，心情自也就不同。

因此，当孩子遭遇失败或大的挫折时，家长可以引导他们想象更糟糕的结果，并把其与目前的结果进行比较。这样一来，孩子自然会觉得与更差的相比，目前的结果还不算糟糕，内心就会释然很多，不良情绪就会消散，慢慢地就会变得乐观起来。时间长了，他们就会养成习惯，遇到挫折时不会再把目前的结果当作最糟糕的情形，会积极乐观地去面对和解决。

第6章
家长要善于鼓舞
困境中孩子的自信心

让孩子学会说"我能行"

小皮是个性格内向的孩子，平时不喜欢争强好胜。由于他性格腼腆，大家就给他贴上了一个"老实人"的标签。但是，小皮很有语言上的天赋，口才也棒，只是平时不爱与人辩论罢了。

有一次，班级进行了一次演讲比赛。这次演讲是即兴演讲，同学们可以随意讲一些自己喜欢的内容。这次比赛的规定时间为3分钟，成绩优异的同学会代表班级去参加学校的演讲大赛。

同学们都很珍惜这次比赛的机会，很踊跃地举手参加演讲。小皮也非常想上去演讲，可是他的内心却非常胆怯。看着同学们一个一个地上去演讲，小皮的心里也在幻想着自己上去后演讲的样子。但是，每次小皮想要站起来去演讲的时候，总有其他同学快他一步站了起来。小皮就只好安慰自己说："没事，等他讲完我再上去，他比我快了。"

这时，小皮的同桌就问他说："你要不要上去演讲啊？我刚才上去的时候感觉特别棒。"

小皮很想上台演讲，可是他却胆怯地对同桌说："我口才不好，我不行的。"

可是，小皮并没有想到，他和同桌说完自己不行之后心里更加没有底了。这时，班级里已经没有主动上去演讲的同学了。老师就问大家说："你们还有没有想上来演讲的了？"

小皮此时很想上去，但是心里却很忐忑，对演讲有些畏惧了。此时，他想起了刚才对同桌说自己不行的话，然后对自己的能力更加质疑了。一节课的时间匆匆而过，小皮到最后也没有站起来演讲。

由于小皮没有勇气站起来演讲，因此，他也失去了一次展现自己的机会。不仅如此，他对自己语言方面的自信也减少了许多，他的口才也变得越来越不好了。

自信心是孩子对自己能力的认可，如果他总是认为自己的能力不够，总说"我不行"，那么他的自信心就会受其影响而降低。例子中的小皮就是一个很不自信的孩子，他明明有很好的口才，可是，他却没有勇气抓住机会，总是对别人说"我不行"。当他得到这样的心理暗示之后，他就会质疑自己的能力。因此，小皮最后也没能上讲台展示自己。不仅如此，从那以后，他对自己的口才越来越没自信了。

孩子总对他人说"我不行"，这其实是一种很消极的心理暗示。当孩子长期受到这样的心理暗示时，就会使他的自信心受到很大的打击。这时，当他在做事情时就会因为一点点困难而对自己不自信，然后就轻言放弃。

如果孩子总对他人说"我不行"，就会在他的心里产生我不如别人的不良心理状态，不敢与他人交往。不仅如此，由于孩子对自己能力的不自信，就会失去很多展示自己和提升能力的机会。比如，有些不自信的孩子不敢在课堂上举手发言，有些不自信的孩子不敢和陌生人交流等，而这些都是锻炼孩子语言和应变能力的机会。如果家长不及时帮助孩子改正不自信的缺点，那么，他就会错失这些锻炼自己的机会，从而变得更不自信。

综上所述，家长应该让孩子学会对别人说"我能行"。当孩子有自信之后，他才能更加积极地去做事，他的人际交往能力才会提高。以下方法供家长参考。

1.让孩子学会克服"畏惧"的心理

胆怯是孩子经常会出现的一种心理状态，如果孩子在遇到困难时出现了这样的心态，那么他就不能勇敢地面对困难，也就对自己失去了信心。因此，胆怯的心理是阻碍孩子对他人说"我能行"的一大障碍，家长要让孩子学会克服这样的心理才能让他更加自信。

首先，把自己想象成一个勇敢的人。心理暗示是引导孩子健康成长的有效途径，如果孩子经常把自己想象成一个勇敢的人，那么他在遇到困难时就会勇敢地去面对。反之，如果孩子认为自己懦弱，或者总是说"我不行"，那么，他遇事就会更加胆怯。

其次，让孩子勇敢地迈出第一步。俗话说"万事开头难"，小皮的演讲能力其实很好，可是他没有勇气迈出在同学们面前展示自己的第一步，也就无法勇敢地对他人说"我能行"。最后导致他对自己的能力产生了质疑，口才也越来越不好了。因此，只有让孩子勇敢地迈出第一步，他才能不再胆怯，才能对自己更有自信。

2.让孩子认清自己的能力

有些孩子在生活中无法认清自己的能力，导致他们总是认为自己"不行"，久而久之，他们就会变得越来越不自信。因此，家长要让孩子学会认清自己的能力，既不能高估自己，又不能贬低自己。当孩子对自己的能力有了了解之后，他才能更有勇气地去面对挑战。

首先，让孩子学会正视自己的能力。每个孩子都有自己的优缺点，如果他总是拿别人的长处比自己的短处，那么他就会越来越自卑。反之，他会越来越自负。当孩子学会客观地正视自己的能力之后，他在做事时才能更有底气、更有自信。

其次，大胆地尝试新鲜事物。当孩子不知道自己的能力有多大时，就应该多尝试一些新鲜事物。在这个过程中，孩子要做好失败的心理准备，然后从中积累经验。例如家长在教育小皮时就可以用这样的办法，先让他在家长面前演讲，然后让他在几个好朋友面前演讲，当他有了这些尝试之后，他才能对自己更有自信。这时，他就能对自己的能力有新的认识并有勇气上台演讲。

3.让孩子知道对他人说"我能行"是自信的表现

有些孩子的性格比较内向，他们不喜欢显摆自己，也同样不喜欢其他人在自己面前"显摆"。其实，这样的看法并不全面，有些孩子并不是为了炫耀自己多有能力，而是他们自信的表现。因此，家长要让孩子懂得适当地对他人说"我能行"并不是炫耀，而是让孩子自己更加自信。

小狄是个很不愿意在别人面前展示自己的孩子，当有人在他面前"炫耀"时，他总会很反感那个人。有一次，老师出了一道数学题，然后让会的同学上来讲。小狄学习很好，他一看就知道怎么做，可是他却不想在同学们面前炫耀。因此，他并没有举手。这时，有个同学也做出来了，然后举手上台讲题。小狄心想："有什么好显摆的。"

由于小狄不经常上台讲题，有一次老师点名叫他讲题，他吞吞吐吐地讲不出来。这时，小狄才发现，原来能在讲台上把题讲出来也是一种能力。从那以后，他不再认为在别人面前展示自己是"显摆"了，而是把它当作是培养自己能力的机会，也学会对他人说"我能行"了。

如果孩子总是不在别人面前展示自己，那么，他就缺少这样的能力。久而久之也就缺少了这方面的自信。小狄就深刻地认识到了这一点，然后学会了对他人说"我能行"。由此可见，家长要让孩子懂得对他人说"我能行"并不是为了炫耀自己，而是为了培养自己的能力，让自己更加自信，这样他才能勇敢地对别人说"我能行"。

让孩子在小成就中树立自信心

小晶刚上初中，她的学习虽然一般，但是她的乒乓球技术在学校非常突出，很难找到对手。只是她在打球时缺乏自信心，心态很差。

有一次，小晶被选为学校的校乒乓球队员，代表学校去参加比赛。可是，小晶在比赛的时候发挥得很不好，单打和双打都输给了对手。小晶对自己的球技产生了质疑，自信心受到了很大的打击。

小晶对这次失败很不甘心，回到学校后就更加努力地练习乒乓球了。她在和同学们一起训练时学东西的速度总会比其他同学快很多，她虽然是个女生，但是她的球技与力道毫不逊色其他男同学。

不仅如此，小晶平时在学校内的比赛中成绩都很优异，取得了很多奖项。可是，她并没有把平时的成功当回事，而是总纠结于她在大型比赛中的失败。因此,小晶的心态就出现了问题。从而导致小晶每次比赛时都由于自信心不够而在气势上输给对手很多,对手越打越顺手、越有自信,而小晶却越来越紧张,导致她无法赢得比赛。老师为了让小晶更有自信就鼓励她说:"你要放轻松,其实有几个球你处理得很好,你要对自己有自信。"

可是小晶却说:"那一点的成功不算什么,我和他们的差距好大,我赢不了。"

从那以后,小晶打乒乓球的信心大幅度下降,也没有信心去参加比赛了。

孩子的自信心需要一点一滴的培养,如果他在生活中不懂得从小成就中树立自信心,那么,他就会因为某一次的失败而影响他的心态,从而对自己越来越没有信心。小晶原本是个很优秀的乒乓球选手,可是,她没有把自己平时的优异表现和胜利当回事儿,导致她无法从这些小的成就中寻得自信心。因此,她在参加比赛时就由于缺少自信而输掉了比赛。

自信心是孩子积极、有效地表达自我价值以及对自己能力认可的一种心理状态。它不仅会影响孩子做事时的积极性与成功率,还会影响他的心态。如果孩子对自己不自信,久而久之,他就会变得自卑,从而影响他的身心健康。

孩子在生活中会遇到很多困难,有些困难会给他带来很大的打击。有些孩子看不到自己的优点,不懂得在小成果中获取自信与喜悦,因此,他在遇到困难时就会缺乏自信,并且会产生自卑的心理。

家长在培养孩子的自信心时,要注意让孩子学会从小成就中积累自信。

当他遇到困难时就能更加自信、从容地解决困难了。以下教孩子从小成就中树立自信心的方法供家长参考。

1.让孩子学会看到自己的优点

每个孩子都有自己的优点，有些孩子在生活中总是能看到别人的长处，而忽略自己的优点。然后就会认为自己不如别人，从而变得不自信。小晶的乒乓球原本打得非常出色，可是，由于她的不自信才导致她每次都赢不了对手。如果她能在平时的比赛中看到自己的优点，她的自信心就会增强，那么，她赢得比赛的概率就会更大一些。

首先，家长要让孩子明白什么是优点。有些孩子有优点，但他却不知道自己的优点是什么，然后就把自己的优点忽略了，这样的孩子就无法从自己的优势和长处中获取自信。因此，家长要让孩子知道什么是优点，才有助于他看到自己的长处。

其次，让孩子善于总结自己的优点。每个孩子都有一些属于自己的优势，比如，个子高，跑得快等。这些都是在生活中很不起眼的一些小事，如果孩子不善于总结自己的优点就很容易把自己的优点忽视。反之，如果孩子能善于总结这些优点，当他知道自己有很多优点时就会更有自信。因此，小晶的家长应让她多总结自己平时在学校里取得胜利的经验，然后从中积累自信心。

2.让孩子不要把自己的目标定得太高

有些孩子总是把自己的目标定得太高而自己又没有能力达到。这时，他的自信心就会受到打击。反之，如果孩子能够有目的地做一些力所能及的事情，成功之后就会有助于自信心的提高。

小杜是个很务实的孩子，他从来都不把目标定得太高、太远，而是努力把当下的事情做好。因此，他的办事效率很高，对自己的能力也很有自信。有一次，他在和同学比赛投篮时输了，那个同学投了十次篮进了六个球，命中率很高，小杜并没有那个能力，可是他没有气馁。因此，他把标准放低了，然后对自己说："我投十个球能进三个就行。"

十进三并不难，小杜很容易就做到了。这让他很高兴，自信心也提高了许多。接下来他再次把目标定为十进四，经过一些时间的练习，他又做到了，这时，他对自己越来越有自信了。最后，他通过努力终于超过了那个同学。

小杜就是一个很会从小成就中树立自信心的孩子，如果他当时不把目标放低，那么就会因为自己无法投进那么多球而受到打击，他也就会因此而失去信心，或者信心不足。但是，他用这种把目标放低的方法，在每次的成功中积累一些自信心，才让他能够在练习的过程中越来越自信了。

因此，孩子在生活中，不能把自己的目标定得太高，而是要让自己的自信心得到循序渐进的培养。从小成就中树立自信，才能让他对自己更有信心。

让孩子在挑战自我中成长

小戴是个很有运动天赋的孩子，作为班级体育委员的他，总是能为班级赢得很多运动会的奖项。他的爆发力和反应能力都比其他同龄孩子优秀很多，因此，他在跑百米的体育项目上很有潜力。

在一次运动会中，小戴又拿了个百米第一，为班级加了许多分。有了这次优异的成绩之后，小戴就有些自负了。他以前努力练习体育是为了超过那些比他优秀的同学，可是，现在他已经是百米第一了，他就失去了努力的动力，对自己的要求也就松懈了。

小戴对自己的要求松懈之后，他的百米成绩下降了很多。但是，在比赛时他依然能够取得第一名的成绩。老师看到小戴的速度变慢之后就对他说："小戴，你虽然在这次比赛中又拿了第一，但是这次的成绩可比你上次的成绩差太多了。这个趋势不太乐观，你要努力啊。"

小戴表面上答应了老师，可是心想："我已经是第一了，虽然比以前慢了点，但是能拿第一就行呗。"

班级里有个同学和小戴一起参加的比赛，小戴是正数第一，而那个同学却是倒数第一。虽然如此，那个同学也非常高兴，小戴就问他："你怎么这么高兴啊？"

那个同学说："我这次虽然没跑过你们，可是要比我上次的成绩快一秒呢，我厉害吧，百米居然能提高一秒。"

小戴并没有把这个同学放在眼里，可是这个同学每次都比自己之前的成绩进步一点，经过努力，终于在一次比赛中超越了小戴。

孩子在生活中最大的对手并不是别人，而是自己。当孩子认识到这一点，并且能够战胜自己的时候，他就会享受到成功的喜悦，从而使自己更加自信。反之，就会像例子中的小戴一样，在他拿了百米第一而没有了目标的时候并不懂得挑战自己，而是变得不思进取。最终输给了一个曾经不如他的同学。

人生处处充满了挑战，孩子无论是要挑战困难的事情，还是要挑战其他比自己强的人，都需要很大的自信与勇气。也只有他在获得成功，或者取得进步之后，他才能对自己更加认可、更加自信。

有些孩子在追赶其他人时，会因为他们和自己的差距太大而感觉自己很力不从心，在屡试无果的时候就会产生放弃的想法。这样的孩子会经常忽略自己的进步，或者认为自己微小的进步根本不值得炫耀。其实，这样的想法是很不对的。孩子要学会挑战自己，这样才能在成功之后获得喜悦，而在失败之后也会勉励自己继续努力。

还有些孩子会因为自己的荣耀，或者成功，而出现骄傲和自负的情况。如果他能把自己当作目标就能避免自大，从而不至于被眼前的成功迷惑了心智。因此，家长要让孩子学会挑战自己，从而提高孩子的能力，增加孩子的自信。以下方法供家长参考。

1.让孩子知道最大的对手就是自己

孩子在生活中会遇到很多比自己能力强的人，这时，孩子要有一颗积极进取的心才能战胜对手。就像例子中的小戴一样，他为了战胜他人而努力训练。当他取得百米第一之后就有些骄傲了，最终被同学超越。他失败的原因就是他没有认识到自己最大的对手不是别人，而是自己。

家长在教孩子挑战自我时，要让孩子知道为什么他最大的敌人是自己。其实原因很简单，当孩子无法超越他人时，他只有把自己的进步视为目标，才能更加有拼劲。无论进步多少，只要有进步他就成功了，这样他才能离最终的目标越来越近。当他超越他人时，也要战胜自己骄傲的心理，避免出现因自负而不思进取的情况。

因此，孩子无论处于哪个时期，他最大的对手都是自己。当他明白这个道理之后，他才能做到胜不骄、败不馁。

2.让孩子知道只有战胜自己才能战胜他人

每个孩子在生活中都会遇到很多对手，如果他能够战胜他们，就能取得进步，获得成功。然而，孩子最大的对手并不是别人，而是自己。有很多孩子都是被自己打败的，比如，有些孩子懒惰，有些孩子不懂得坚持，更有些孩子做事拖拉等，像这样的孩子往往都会因为无法战胜自己的陋习而无法取得进步。

小宁是个积极进取的孩子，虽然他的考试成绩并不理想，但他有一颗上进的心。小宁把他的同桌当作自己的目标，因此，他每天都会学习到很晚，做很多题。虽然有很多次，他都萌生了放弃的念头，可是，他每次都能坚强地对自己说："如果这点苦都吃不了，就没办法超过自己，那还怎么超过别人。"

小宁每次都用这样的先战胜自己、再挑战他人的心态学习，最终取得了突飞猛进的进步。

小宁的例子就很值得我们学习，他如果在学习的过程中战胜不了自己，那么他就无法取得突飞猛进的进步。挑战自我是一句说出来容易而做起来难的事情，很多孩子都无法克服自己的懒惰心理而轻言放弃，自然也就无法战胜他人。因此，家长要先让孩子学会挑战自我，再让他去挑战他人。

3.懂得坚持才能挑战成功

生活中处处充满了挑战，唯有懂得坚持才能让孩子走向成功，从而使他对自己更有信心。

有些孩子在做事的时候对自己很没有信心，总会对自己说"我不行了""我坚持不了了"等话语。这时，他超越自己的自信心就会受到影响。

无论孩子在做任何事都要对自己有信心，都要懂得坚持，否则就无法战胜自己，也就无法取得进步。坚持与放弃总在一念之间，只有相信自己会成功，才能让自己坚持到最后。因此，孩子只有学会坚持，拥有自信，才能逐渐超越自己，最终取得成功。

让孩子懂得命运不能依靠他人

小雪在做事的时候总愿意投机取巧，能让别人做的事情她从来都不做。小雪之所以有这样的性格是因为她的家庭条件特别好，家长能为她做很多事情。这包括她考初中、考高中等都是家人安排的。因此，现在她虽然在上高中，却依然很依赖家人和朋友。

有一次，老师组织同学们进行野营拉练，很多同学都是第一次参加这样的活动。这些孩子的求知欲很强，他们很虚心地向那些懂得如何野炊的孩子学习。小雪虽然也不会做这些事情，可是，她并没有向其他同学学习，而是觉得这些东西既然有人能做给她吃，她自己会与不会都无所谓。

大家在参与到野炊的过程中玩得不亦乐乎，并且获益匪浅。小雪不但不会做，也不会吃，她在调料时总是愿意听从别人的建议，导致她的调料很不合她的口味。

在大家吃完之后，老师给大家布置了一个活动，如果有人在活动中失败了，就会承担在回去的路上背行李的任务。老师的安排很简单，就是让他们去找一块大小适中的木头，然后按要求雕刻出相应的形状，没有在规定时间内完成的同学就只能背行李了。

小雪并不会雕刻，就在其他同学都在为不背行李而奋斗时，小雪再一次把命运的主动权交给了别人。可是，同学们都担心自己雕刻不完而背行李，就都没有答应帮小雪。她只能继续寻找可以帮助自己的同学，终于有个男同学说："其实我也不会，如果我雕刻完了就帮你。"

小雪愉快地答应了，心想：终于不用自己动手了。

可是，那个同学雕刻成功之后时间就到了，他没能帮助小雪。小雪非常生气，不愿意理那个同学了，也只好无奈地承担起了背行李的重活。

小雪的同学们都是第一次接触雕刻，但是，他们不想承担背行李的苦活，因此都在为自己能够不背行李而奋斗。他们虽然雕刻得不好看，但是他们努力地为自己争取了机会。可是小雪就不懂得为自己争取机会，而是把自己的命运交给了同学，才导致她无法完成任务而被迫帮同学们背行李了。

家长应该让孩子懂得，命运好比一条笔直的大路，但是，在这条路的前方会有很多分支，这些就是命运的选择。在孩子的生活中会面临很多次选择，无论他选择什么样的路都将会成为他命运的一部分，他既然选择了就要为自己的选择承受后果。因此，孩子在面对人生中的抉择中，不能过分依赖他人，而是要学会我的命运我做主。这样才能让他学会坚强，纵使选择了一条坎坷的道路也能勇敢地承担，并且无怨无悔。但是，如果孩子的命运是别人选择的，那么他就无法选择适合自己的路，也就无法掌握自己的命运。

综上所述，孩子要学会面对命运的选择，并且要努力走自己想走的路。以下教孩子掌握命运不依靠他人的方法供家长参考。

1.让孩子学会自主做事

依赖的心理会让孩子缺少独立的能力与精神，并且会让孩子缺乏责任感，总是以不劳而获的心态生活。这样的孩子在人生的交叉口时无法为自己选择正确的道路，也就无法掌握自己的命运。因此，家长想要让孩子学会掌握命运，就要让他先学会独立，不能让他养成依赖他人的习惯。

小雪从小就很受家长的疼爱，她不懂得为自己的将来拼搏努力。老师在布置任务时已经把惩罚措施说得很明白了，其他同学都在用自己的力量为自己拼搏，只有小雪不懂得为自己争取，而是想要依靠他人的力量。导致她最后无法完成任务，只好背着沉重的行李回学校了。

由此可见，家长要让孩子懂得不依赖他人，让孩子学会为自己的命运做主，这样才能增加孩子的实践能力。有很多事情只有做过才能从中获取乐趣与经验。就像小雪他们雕刻手工艺一样，无论雕刻得好坏，那是他们为自己争取未来而努力的过程，有了这些经历孩子才能成长。

2.让孩子学会勇敢地面对选择

孩子在生活中往往会面对很多艰难的选择，比如，初、高中应该上哪个学校，大学里要学什么专业等。有很多孩子在面临这些选择时都很没有主见，他们有些会听家长的意见，有些会听老师的建议，还有些干脆就用无所谓的态度去随便选择了。其实，这些都是他们对自己不负责的表现。只有勇敢地面对选择，才能知道自己真心想要得到的是什么，这样他才能无怨无悔地面对人生。

小毕是个非常有主见的孩子，他刚刚中考完就对妈妈说："妈，我不想在咱们城市的高中上学。"

妈妈说："咱们这里的高中是省重点高中，你不在这里读书去哪里读啊？"

小毕说："这个高中的确是省重点，可是这里的环境并不适合我，我需要一个安静的环境，并且需要一个负责的老师。"

小毕和妈妈谈完话之后，意见坚决地选择了自己要去的学校，那个学校的教学质量不高，但是老师非常负责任。妈妈担心小毕的将来，多次劝阻他，可是小毕说："妈，我已经长大了，我对我的选择无怨无悔。"

有了小毕这样坚决的回答，妈妈也没什么话说了。小毕进入学校之后才发现，这里的教学质量的确很不好，但是他并不后悔自己的选择。经过他的努力，他在那个不出名的学校备受老师和学校的关注，高考成绩更是超过了许多重点高中的尖子生。

小毕是个很理智的孩子，他知道自己真正想要的东西是什么。并且对自己的选择无怨无悔，勇敢地承担了自己选择的后果。当他得知他所在的学校教学质量很差的时候并没有灰心，而是选择了用努力换取未来的命运。经过他在这个学校的努力，他终于得到了老师们的青睐，并最终成为这所学校一个高考考高分的学生。

3.让孩子对自己有信心

在生活中总是想依靠他人力量去做事的孩子往往是缺乏自信的，他们总是认为自己的力量不足以做成某事，所以就想要依靠他人的力量。久而久之，他们就不会自主做事，不懂得自己去把握命运。

例子中的小雪就是这样的孩子，她总是依靠他人，有一部分原因是因为她的懒惰，还有一部分原因就是因为她对自己的不信任。如果她相信自己，并且懂得努力拼搏，那么她就能够勇于完成老师布置的任务。因此，家长要培养孩子的自信心，让他们相信自己能够依靠自己的力量去面对生活与挑战。

让孩子学会每天进步一点点

小超是个很贪玩的孩子，他每次在学习的时候都控制不住自己想玩的欲望。一学期的课程结束了，小超的期末成绩虽然不理想，但是由于假期的到来，就让他忘了所有的烦恼，完全沉浸在尽情玩耍的生活中。

作为一名初中生，他的假期会有很多作业，其他同学都在有计划地完成自己的作业，可是小超的作业却迟迟没有进展。

小超的家长对他很负责，每天都会督促他去写作业。可是，小超每次都表面上应付家长，而实际却不去做。眼看暑假就要过去大半了，他的作业依然没有写多少，他也有些着急。由于开学的时间越来越近，小超不得不写作业了。

小超虽然开始写了，可他却没有一个合理的计划，每次在做作业的时候他都会想："怎么还有这么多啊，我写得这么慢，要写多久才能写完啊。"

于是，小超在做作业时就会心浮气躁，非常地煎熬。小超的家长看到小超写作业这么费劲的样子，就帮他安排了学习计划，按照他剩下的假期时间，给他规定了他每天要完成的内容。

虽然如此，小超每天都无法完成这些规定的内容。导致他欠下的作业任务越来越多，每次在写作业时都会想："我昨天的任务还没有完成，今天又有这么多任务，真不想写了。"

小超就这样每天都会欠下很多任务，等到了开学的时候，他的作业依然没有写完。

"勤学如春起之苗，不见其增，日有所长。"这句话是东晋诗人陶渊明的名言，意思是说，学习就像春天的幼苗，看不到它在成长，它却已经长大了。其含义就是积少成多，每天进步一点点，最终长成参天大树。反之，就会像小超一样，在写作业的时候没有按时按点地完成任务，导致他没有写的作业内容越来越多，最终无法在暑假结束前完成作业。

俗话说"学无止境"，这是一个不变的真理。可是，有些孩子却因为要学的东西太多，从而不想坚持学习了。但是，如果换个角度思考这个问题时，就会发现很多不同的收获。就算学习无止境，再怎么学都学不完，可是，学会一个知识点就少一个不会的知识点，越积累越多，孩子的成绩自然就能够突飞猛进了。

有些孩子并不懂得日积月累，他们总会认为自己没有学习的知识点太多，然后就不想坚持学习，这样的学习态度只会让他们在学习的道路上停步不前。有些孩子由于自己积累的不会的知识点增多，而给自己产生很大的压力，影响学习效率。反之，如果他能够日积月累地学习，那么他的压力就会减少，也就能轻松地掌握知识了。

积累是指孩子在生活或者学习中，逐渐把对自己有用的知识或者经验聚集到一起，使其慢慢地增长、完善的过程。此外，要让孩子克服一些对自己不利的东西，比如，当孩子出现懒惰心理时，他若不及时克服，那么这样的心理状态就会越积累越壮大，最后让自己更加懒惰。因此，孩子要学会积累对自己有用的知识与经验，做到取其精华，去其糟粕才能让自己更加进步。以下方法供家长参考。

1.让孩子学会积累知识

无论孩子在生活中所学习的是经验还是知识，都需要一点一滴的积累，只有积少成多才能让他更加进步。其实，小超写作业的情况也是这个道理，他总不写作业，导致他积累了很多繁重的作业，当他想写的时候却无法按时完成了。

家长在教育这样的孩子时，首先，让他懂得"今日事今日毕"的道理。孩子无论要做什么事，都不能拖泥带水，否则就会越积累越多，最后无法完成任务。以小超为例，他如果能按时按点地把每天的学习任务都完成，那么，他就不会再觉得作业任务繁重了。

其次，告诉孩子学习知识不能着急，而是要一点一滴地积累。有些孩子会和小超一样，在学习或者做事时，总觉得自己做这么一点没有多大的作用。其实，这只是他眼高手低的表现。他们总是急于求成，又没有耐心才总是轻言放弃。因此，家长要告诉孩子在学习知识，或者做事的时候不能急于求成，而是要学会慢慢地积累知识。

2.让孩子学会坚持，他才能取得进步

每天进步一点点需要孩子长期的坚持，如果他不懂得坚持，那么他就无法积累知识，甚至会把以前的知识逐渐忘掉。反之，如果孩子懂得坚持，每天都能学习新的内容，然后巩固学过的内容，这样才能帮助他打下牢固的基础。

小冰是个懂得坚持的孩子，他在学习的时候从来都不投机取巧。小冰的英语成绩很不好，他为了提高成绩就坚持背英语单词。这些单词很不好背，他总是反复背好几遍都无法背下来。可是，小冰并没有气馁，他利用课余时间，每天都坚持背五个英语单词。

当小冰把已经背下来的单词忘了的时候，他就重新背，已经背下来的单词他也坚持进行巩固练习。没过多久，他的单词量就积累了很多，从那以后，他的英语成绩有了很大的进步。

很多孩子都是因为英语单词量太大，自己无法坚持去学习，才导致他们的英语成绩下滑。反之，如果孩子能学会坚持积累知识，他就能进步。就像小冰一样，他若不是每天坚持背英语单词，那么他的成绩就不会提高得这么快。

因此，家长要让孩子学会坚持，这样才能让他每天进步一点点，在进步中成长。

第7章
教孩子用毅力
战胜困难的挑战

告诉孩子：再多坚持一下就会成功

小洋刚刚升入初一，在这之前，他的学习成绩一直不错。

或许是刚刚进入新的班级，学习环境不适应，几次模拟考试下来，小洋的成绩都不太理想。

一天晚上，小洋和妈妈说起这件事情。他目不转睛地盯着自己的考试卷子，语气低沉地对妈妈说："妈妈，我最近几次考得都不好。而且最糟糕的是每次我考得不好，我都会更加努力地学习，可是下一次考试的时候我还是考得很糟糕。"

妈妈说："你是因为成绩差难过吗？"

小洋说："是的，但成绩不是最重要的，而是我发现，我努力了，我的成绩没有起色。妈妈，我很难过。"

妈妈安慰道："小洋，不要着眼于当前的成绩，没考好，那只是代表那个阶段你学得不够扎实，你继续努力就好了，也许下一次你就会考到100分呢。"

顿了一会，妈妈又说道："你考试不理想，说明你的学习方法有问题，那么下一次考试来临之前，你就应该改变自己的学习方式。每次考试都是你发现自己不足之处的契机。妈妈相信，如果你一直这么努力的话，终究会取得满意的成绩的。"

小洋找到问题所在，改变自己的学习方法。努力了一段时间，成绩果然有了大幅度提高。期末考试结束后，小洋取得了班级第十名，全校五十名的成绩。

小洋考试屡屡失意，自己努力了却没有得到"回报"，小洋很伤心，想着：自己的努力是不是都是无用功。在小洋自我怀疑的时候，妈妈鼓励小洋继续努力。最终，小洋取得了进步。

孩子在人生的路途上总会遇到各种各样的困难，遭遇意料之外的挫折。经历的困难和挫折多了，孩子可能会丧失信心和奋斗的力量。在这种情况下，家长要鼓励孩子，告诉孩子只要坚持下去终究会获得自己想要的东西，最终实现自己的理想。

每个孩子都有自己的理想，都想在学业上取得满意的成绩。但是能够实现理想、获得成功且不经历困难的孩子毕竟是少见的。大部分孩子都会遭遇失败和挫折，但只要他们一直努力，最终就会实现自己的理想。而且他们比没有经历过困难和挫折的孩子更勇敢、更睿智。

"水滴石穿"就是这些孩子实现理想的秘诀。其实，那些被困难和挫折击退的孩子也可以收获成功，他们之所以没有成功，是因为他们缺乏坚持下去的动力，而家长对孩子进行鼓励就可以让孩子能够在一次又一次的碰壁之后，仍然能够坚持自己的梦想，从而获得成功。古今中外的成功人士，比如爱迪生、狄更斯、居里夫人，他们都坚持了自己的事业，最终获得了学术上的成功。由此可见，坚持不懈可以使孩子在学习和生活中获得成功。获得成功之后孩子才能有信心继续完成下一步的目标，实现自己的人生理想。

家长适当地鼓励孩子，可以提高孩子的个人能力，培养孩子坚强的意志力，让孩子能正确地面对困难和挫折，增强自信心。

在这里，有几点家教建议供家长参考。

1.告诉孩子成功和坚持的关系

人们常说：成功的人总是坚持不懈的。1948年，英国首相丘吉尔被邀请参加牛津大学举办的主题为"成功秘诀"的演讲大会。丘吉尔在演讲大会上说了一句得到观众肯定的话，他说："我成功的秘诀有三个，第一是不放弃！第二是不放弃！第三是永不言弃！"丘吉尔正是拥有这样的人生信念，才获得了人生的成功。所以，坚韧不拔的品质和成功是密切相关的。

只要孩子能够准确地定位自己，明确自己的人生目标，一直坚持下去，终究会收获成功。家长是孩子最亲近的人，孩子都希望付出努力得到家长的肯定和赞许。

2.采用肯定的语言，选好鼓励重点

家长鼓励孩子的时候建议用肯定语气，孩子会更信服家长的话。

另外，不管孩子成功与否，只要他努力了，家长就要鼓励孩子。不要打击孩子，否定孩子的努力。比如：孩子考试失败了，家长应该对孩子说："我知道你在这件事情上花了很多的精力和时间，我们为你骄傲。下次要继续这么努力。一定会取得好成绩的。"既强调了孩子的努力，又让孩子有了继续坚持的信心。

3.激励和催促孩子努力

家长鼓励孩子可以尝试激励和督促孩子两种方式。家长激励孩子，可以激发孩子渴求成功的欲望。

小婉在书桌前已经待了一个小时了，但是那道难题还是没有解答出来，小婉有点心烦气躁，气冲冲地走出书房，坐在沙发上生闷气。

妈妈看到小婉从书房出来了，问："小婉，怎么了？"

小婉对妈妈说："有道题目解不出来，我不想做了，浪费了一个小时，烦。"

妈妈笑了笑，对小婉说："首先呢，你花费了一个小时去解那道题目，妈妈很高兴你这么做；其次呢，妈妈认为，如果长时间内你解不出来，可以休息一下，做做别的事情，也许你换换脑子，再看那道题目的时候就解出答案了。"

小婉听了妈妈的话，坐了一会儿又去解那道难题了。

过了一会儿，小婉真的解出了那道题目。

督促鼓励这种方式，家长要选择性地运用。家长督促孩子做事情，可以帮助孩子把脑中的想法转化为行动，减少孩子实现理想的时间。有些孩子确实需要家长的督促才会努力。

让孩子明白勤动脑是克服困难的法宝

小名的爷爷奶奶住在一栋比较老的居民楼里，好几次，小名爸爸都劝说父母搬出这里。但是老人家在这里住了几十年，已经习惯，而且周围的邻居都很好，不愿意搬走。小名爸爸没办法，只好由着他们。

　　但居民区太老旧，没有电梯。而爷爷奶奶年岁又大了，住在六楼，上下楼很累。小名就想：帮爷爷奶奶做一个装东西的机器。

　　结合自己学到的知识，请教了老师，终于，小名研制出了一个机器。爷爷奶奶可以用这个机器放东西，它装有滚轮，上下楼很方便。大家都夸奖小名聪明。

　　小名勤于动脑，在爷爷奶奶有困难的时候积极思考解决问题的办法，这点值得大家学习。

　　人的大脑和机器是一样的，如果不常常思考的话，也会出现运转不灵活的情况。有些孩子遇到困难时，首先是找家长帮助自己解决困难，这对孩子的成长是不利的。不勤于动脑的孩子，行动力和执行力会比其他孩子差很多，这对孩子的脑部发展是有害的。

　　勤于思考的孩子智力会更高。虽然很多人都说，孩子的智力是相差无几的，但他们的成绩、办事能力却有差距。所以，人与人的智力还是有差距的。而这些孩子的智力之所以比其他孩子更高，和家长的教育是分不开的。

　　前期的智力开发对孩子的意义是非常大的。家长要努力开发孩子的思维，让孩子多多思考问题，提高孩子思维的敏感度，激发孩子的创造性，充分开发孩子的大脑。

　　在这里，有几点建议供家长参考。

　　1.培养孩子的独立性和创造性

　　家长要培养孩子的独立性和创造性，让孩子勤于动脑。

　　家长可以给孩子创设一个解决问题的情境，比如让孩子思考如何才能更快地完成家务，让孩子认识到怎样解决问题才是最佳方式等。

当孩子通过自己的方案解决了难题，家长要及时给予孩子表扬。如果孩子没有做好，事情没有得到解决，但他的确开动脑筋、想办法去解决这件事情了，家长也要给予孩子表扬。这样可以增强孩子的生活独立性，避免孩子养成不肯动脑筋的坏习惯。

2.引导孩子积极思考

当孩子养成了思考的习惯，不需要家长"强迫"，他自己就会动脑筋解决问题。

家长可以引导孩子思考问题，比如火车是如何运行的，它的工作原理是什么，为什么动车比普通火车跑得快等。

这些问题可以提高孩子思维的活跃度，激发孩子思考能力。家长可以和孩子一起讨论问题，与孩子交换自己的意见。在交流的过程中，孩子会看到自己思维上的漏洞，养成勤于动脑的好习惯。

3."因材施教"，让孩子思考不同难度的问题

智力开发是一个循序渐进的过程，家长不可操之过急。家长应该依据孩子的智力发展程度，挑选适合孩子的问题让孩子思考。比如一年级的时候可以让孩子思考火车是如何运动的，初中的时候可以让孩子思考月晕和日晕的形成，高中的时候可以让孩子思考三角函数的原理等。

让孩子学会在困境中默默地积蓄力量

课堂上，语文老师讲到了刘备"三顾茅庐"的故事。

东汉末，诸葛亮躬耕于南阳诸葛庐，不问世间的纷繁杂事，潜心研究学问与治国策略。其才华与管仲、乐毅可以齐名。在无人问津的时间里，他积累了丰富的知识，有经天纬地之才。三大诸侯之一的刘备正缺乏人才，通过手下的谋士了解到了南阳的诸葛亮。于是，特地登门拜访，想恳请诸葛亮出山帮助自己夺得天下，被拒绝了三次之后，诸葛亮才同意跟随刘备出山。刘备曾经感叹："孤之有孔明，犹鱼之有水也！"

诸葛亮出山之后，辅佐刘备割据一方，在三国英雄辈出的时代获得了霸主地位，成功地发挥了自己的才华，名留史册。

老师说："大家对这个故事应该很熟悉，你们畅所欲言吧。"

A同学说："诸葛亮虽然聪明，但是有些恃才傲物呀。但不管什么年代，大概厉害的人物都是骄傲的。"

B同学说："嗯，我觉得诸葛亮能够在乱世中潜心研究学问是很厉害的，说明他的自我要求和个人能力是很高的。"

C同学说："时势造英雄吧！诸葛亮这样的人才大概就是为时代所生的。不过他确实很厉害。"

......

大家说完自己想法后，老师说："嗯，你们的想法都很好。那我现在给大家说说我从这个故事中看到了什么。诸葛亮默默地在草庐积蓄力量，为的是能够做成大事。我想，大家可以学习一下诸葛亮。"

能够做成大事的人，在成功之前，都是默默无闻的。他们的共同点是：都默默地在困境中积蓄力量，不被外界所打扰。

如果诸葛亮没有积极地博览群书、通晓历史，结交众多的名人志士，又怎么能够被刘备赏识。如果诸葛亮是一个庸人，即使有人向刘备推荐了他，他也做不成大事。懂得在困境中积蓄力量才是成大事者所必须具备的品质。

南方生长着一种"厚积薄发"的植物——毛竹。毛竹刚开始生长的几年，地面上似乎没什么动静，但地面下却长了很深的根系。雨季来临的时候，毛竹才能迅速地生长，抬头望去，似乎插入了云层。这就是厚积薄发的力量。

想要成功、在人生的道路上取得辉煌成就，家长就要让孩子明白：默默积蓄力量，等待机会来临，抓住机会，才能够成功。

常言说：台上一分钟，台下十年功。每个成功的人都在一段别人看不到的时间里，忍受了寂寞，默默地积蓄着力量，在孤独寂寞的时间里等待着成功的机会。在这里，有几点建议供家长参考。

1.让孩子明白默默积蓄力量的意义

能够经受住寂寞和孤独默默奋斗的孩子，未来会取得更大的成就。家长要让孩子明白，能够在困境中默默积蓄力量的人总是会变得很厉害。而机会总是会垂青于那些有准备的人。只有孩子努力了，等机会来临的时候，才能完美地抓住它。

每个孩子都会遇到困难和挫折，而困境是积蓄力量的最佳时期。困境会让孩子成长得更快，一些道理只有经历过了，他才会明白。家长可以在孩子遭遇困难的时候，鼓励孩子默默积蓄力量，期待下一次机会。比如孩子考试考砸了，家长可以帮助孩子复习备考，在下一次测验来临之前，做好十足的准备。

2.借鉴名人成功的经验，讲给孩子听

现代社会的孩子面对的挫折和困难其实很多，家长不可能什么困难都帮孩子解决。想要把孩子培养成心理健康、技能突出的孩子，家长可以用一些名人的故事来引导孩子，让孩子知道但凡有所成就的人，都是需要默默地积蓄力量，忍受他人所不能忍受的困境。名人的榜样力量是无穷的，孩子可以从名人的成功经验中获得一些新的领悟。

史泰龙曾经是一个穷困潦倒的年轻人，但他有一个耀眼的梦想——当电影演员。

没有人愿意用他，他就去当免费的群众演员，每天去电影公司推荐自己。

后来，他凭借《洛奇》一举成名。

史泰龙在那段没有成名的时间里，默默地钻研演艺技能，研究各种各样的剧本，为机会的到来做准备。家长可以讲类似的故事给孩子听，让孩子明白在困境中积蓄力量的重要意义。

3.教孩子克服困境中耐不住寂寞的方法

不管是成年人还是孩子，都有忍受不了寂寞的时候。孩子失败之后要想静下心来默默奋斗是有些困难的。家长要做的就是教孩子如何克服困境，忍受寂寞。

首先，家长可以给孩子买几本启发性的书，让孩子意识到自己为什么要克服困难，忍受寂寞和孤独。多看书，对孩子总是有益的。

其次，家长可以讲一些身边人默默奋斗成功的故事。周围人的故事更容易感染到孩子的情绪，他会想：别人能做到，我也可以。

最后，家长可以监督孩子，让孩子形成自我监督的意识。

永不言败的孩子才能获得巨大的成功

电视上正在播报新闻。

汉娜目不转睛地盯着电视，突然对爸爸说了一句："爸爸，我以后也要努力做一名科学家，也要获得诺贝尔奖。"

爸爸笑了笑，回道："嗯，汉娜一定可以的，爸爸相信你。加油！"

停了几秒，爸爸问汉娜："你知道诺贝尔奖是如何创立的吗？"

汉娜摇摇头。

爸爸说："诺贝尔奖的设立者——诺贝尔也是一名科研人员。他是一位非常痴迷于自己事业的人。他花费了大量的时间研制炸药，耗费了很多的时间和心血，还是没有获得什么成果。因为研制炸药，诺贝尔好几次都濒临生死边缘，但他仍然不放弃。因为研制炸药，诺贝尔的弟弟受重伤不治身亡，诺贝尔的助手在实验炸药时也被炸死了。但凭着毅力，诺贝尔最后成功了。后来他就设立了诺贝尔奖——奖励那些为科学做出杰出贡献的人，因为他们推动了人类社会的发展。"

汉娜说："爸爸，我会学习诺贝尔先生的精神的。我会越挫越勇哦！"

科学家诺贝尔凭借着坚持不懈的毅力，钻研出了一项又一项科学发明，成了科学史上的榜样。汉娜在爸爸的教导下，也明白了失败是成功之母的道理。

每个孩子都会在人生的道路上遭遇困难和挫折，都必须面对人生的失败与低谷，要想克服这些困难与挫折，首先就要有一个良好的心态。

失败带给孩子的是心理压力，然而压力也是动力。家长要让孩子明白：每一次挫折、每一次困难都是进步的机会，只要坚持不懈地奋斗下去，总有一天，你会收获成功。

《简·爱》的作者夏洛蒂·勃朗特曾经说过：人活着就是为了含辛茹苦。家长要让孩子知道，困难和失败只是一时的，只要坚持下去，终究会获得自己想要的东西。

当孩子遭遇失败的时候，家长要鼓励孩子，给孩子再次努力的信心和勇气。家长要让孩子懂得：失败不可怕，可怕的是失去继续奋斗的勇气。

在这里，有几点建议供家长参考。

1.让孩子坚持奋斗的信心

家长要不断地鼓励孩子，巩固孩子的自信心，让孩子在实现梦想的路上永不言弃。不抛弃、不放弃，才能实现美好人生。

孩子在成长的过程中，会面对无数次的失败。家长要培养孩子坚定的信心：即使遭遇了诸多困难却仍然要有不放弃的决心和毅力。

过往的失败并不代表着孩子会永远失败，曾经难以企及的目标并不代表没有机会实现。家长可以帮助孩子树立远大理想，用理想激励孩子。忘记过去的失败，孩子才能在前进的道路上获得成功，一直纠结于过去，孩子就会失去成功的机会。每个人都会遭遇失败，所以，失败并不可怕，可怕的是，孩子一蹶不振。

2.打好基础最重要

打好了基础，做事情就不会那么难。家长要从最基本的事情教起。降低孩子失败的概率。做好万全的准备，即使失败了，孩子也不会很伤心。家长可以教孩子如何完成自己的计划，比如孩子要做一份小组策划书，家长可以教孩子如何写策划书，策划书的基本内容是哪些，要找哪些人做自己的搭档，等等。

打好基础，即使失败了，孩子也不会有遗憾，因为他知道自己努力了。而且孩子明白：不管失败与否，家长都在支持他。

3.给孩子失败的权利

有些家长给孩子的压力太大，凡事都要求孩子做到尽善尽美。殊不知，这对孩子的伤害是非常大的。家长要给孩子失败的权利，允许他失败。当他失败的时候，得到了家长的谅解，他就会更努力地做好下次的工作。

失败不可怕，可怕的是失败之后选择了放弃。只要孩子没有选择放弃，失败了一千次、一万次，家长都应该支持孩子，给予孩子鼓励，做他们坚实的后盾。

所以，家长要给孩子失败的权利，毕竟每个人都会经历失败，而失败得多了，孩子离成功也就不远了。

用责任唤醒孩子在失败时的勇气

路德维希·凡·贝多芬出生在一个贫困的家庭，他的父亲是一名男高音歌手，嗜酒如命，他的母亲是一名女仆。

贝多芬的童年非常地艰苦，为了贴补家用，贝多芬只好练习钢琴，并且十一岁的时候，他加入了戏院乐队，把每月微薄的工资都交给妈妈，用于家庭的开支。

因为频繁练习钢琴，贝多芬的手经常痉挛，但就是这样，他也没有机会休息，因为他需要赚钱养家。每次贝多芬都穿着单薄的衣服在练习室练习钢琴，即使冻得瑟瑟发抖，即使光线昏暗，他还是在练习钢琴。有时候甚至饿着肚子在练习钢琴。

在艰苦的环境中，贝多芬坚持着练习钢琴。

十七岁的时候，贝多芬的母亲因为严重的肺病去世了。而父亲整日酗酒，所以父亲的养老金就由贝多芬来支配。1796年到1800年，贝多芬的耳疾变得越来越严重，最后他完全失去了听力。只能靠着音乐来养活自己。他虽然生活拮据，但是他对音乐的热爱，他对音乐的"责任感"，支持着他，因而创造了大量的音乐作品。

贝多芬为了养家糊口，不得不努力去练习钢琴，在无人的练习室独自弹奏音乐。即使饥寒交迫，为了家庭，他也不能放弃。正是这样的生活环境造就了一名伟大的钢琴演奏家。

责任感的含义比较广泛，它包括诚实守信、善始善终、忠孝节义、认真专注、懂得照顾他人，除此之外，还表现为热爱国家、遵守纪律与规则。责任感是孩子健康成长不可缺少的品质。

有责任感的孩子，不会在遭遇困难的时候选择放弃，因为他对别人有责任。有责任感的孩子会努力做好手头的事情，在团队中发挥自己的能力。有责任感的孩子懂得孝顺父母、尊敬师长、帮助朋友。

学会承担责任是孩子必备的素质。缺乏责任感的孩子不会懂得关心他人，不会和其他孩子真诚交往，不懂得分享。更重要的是，没有责任感的孩子在遇到困难的时候，会偏向于放弃，因为他没有集体利益的观念。

所以，家长要从小就培养孩子的责任意识，让孩子勇于承担责任。在这里，有几点建议供家长参考。

1.帮孩子寻找榜样

孩子接触最多的人是他的同学、朋友，家长应该从孩子的身边找一些榜样，让孩子明白责任感到底有什么意义。名人的榜样力量虽然是无穷的，但是他们和孩子的距离太远，对孩子的影响不大。身边发生的事情对孩子更有感染力。

另外，学校有时候会举办一些强化孩子责任感的活动。比如回家给家长洗脚、帮助家长做家务、写感谢信给家长等。家长应该认真地参与这些活动，不要对这些活动敷衍了事。

2.家长要承担好自己的责任，以身作则

部分家长对孩子说："你要承担起自己的责任，你得做一个有责任感的孩子。"而他们却不赡养自己的父母。甚至有新闻报道过：家中的宠物狗丢失，儿子责骂老母亲并将其赶出家门。试问，这样当面一套背后一套的家长怎么能让孩子信服。

所以，家长要以身作则。只要是自己应该承担的责任，就不能推卸。给孩子做好榜样。

3.多读书，让孩子认识到责任感的意义

书籍是启迪孩子责任感的良师，让孩子多读书，强化孩子对责任感的理解，让孩子通过阅读接受精神上的陶冶。通过读书提高孩子的责任意识，从家长的角度出发，不失为一种不错的方式。书籍对孩子的成长有强大的影响，家长可以买一些专门讲责任感的书给孩子看，让孩子用自己的方式理解究竟什么是责任感。

在孩子阅读的时候，家长可以顺势利导，提高孩子对责任感的认同度。

第8章
用理想助力孩子在
逆境中的奋斗

告诉孩子：无论顺境逆境
都要脚踏实地地去追逐梦想

小海即将参加中考，每天要做很多卷子。

中考之前，学校会进行许多次模拟考试，大家都很紧张。每次考试结束，都有人欢喜有人忧。

第一次模拟考试结束。

"我现在念一下进入全校前十的同学的名字，大家注意。"班主任认真地读完了进入全校前十名同学的名字，继续说，"大家要向他们学习，继续努力。考得好的不要骄傲，考得差的不要气馁，老师相信你们，一定可以考上理想的高中。"

知道自己考得不错，小海学习的劲头更足了，继续埋头苦读。

第二次模拟考试结束。

"这次我们班考得不太好，大家不能懈怠，要严格要求自己。我就不念成绩单了，有同学私下和我说，公开在课堂上念成绩单会让他们觉得压力很大。你们继续努力，老师相信你们是最棒的。"

小海的成绩还不错，这次进入了全校前五名。小海很开心，每天花费更多的时间在学习上。每次放学，他都是最后一个离开教室的。

第三次模拟考试结束。

"这次，大家考得都不错。我们班进入全校前十名的同学有六个，老师很高兴。大家继续努力。"

小海不开心，因为大家都考得很好，只有他考得比较"糟糕"，和以往相比，他退步了很多。这次他竟然考了全班第十名，全校第十五名。距离中考只剩下40天了，他竟然会考得这么糟糕。看书的时候老是走神，怎么都想不通，他那么努力地学习，怎么会考成这样呢？好几天，他都走不出考试的"阴影"。

第一次和第二次模拟考试，小海都考得不错，学习的时候更努力了。第三次模拟考试，小海的成绩不理想，"糟糕的成绩"导致他对自己的实力和努力产生了怀疑。小海遭受了打击之后，他学习没有以前努力了。他对自己的努力产生了怀疑，学习的热情大大降低。如果小海不能及时解决自己的问题，他的学习成绩会退步更多。

而家长应该告诉孩子，不管他处在什么样的境地，无论逆境还是顺境，都应该脚踏实地地去追求自己的理想。顺境的时候，孩子遇到的挫折少，很容易就能达成心愿。而逆境的时候，孩子可能会遭遇很多的挫折和困难，自信心被打击，斗志会减弱，这个时候，家长的鼓励显得尤为重要。

总而言之，不管孩子处在逆境还是顺境，都应该坚持自己的理想。家长应该帮助孩子实现理想、克服困难，让他不要因为一些外在因素而丧失对理想的信心。脚踏实地地做事，总有一天，理想会实现的。

每个孩子都有理想，都有自己想要的人生。要实现理想，物质上和精神上都必须丰富起来。当孩子树立了远大的理想时，他才能以积极的态度、饱满的热情投入到学习和生活中，才能拥有满满的斗志，最大限度地实现自己的人生价值。

理想对孩子来说，有着极为重要的意义。现在的孩子面临的困难和机会越来越多，他们需要在激烈的竞争中找到属于自己的位置。一个有理想的孩子，他必然有积极奋斗的理念，而这样的孩子，不管在逆境还是顺境，都能很好地完善自我，走出自己的理想之路。

理想可以激发孩子的斗志，提高孩子的逆商。而逆商是孩子必须具备的素质。逆商是孩子面对挫折的能力，可以帮助孩子走出阴霾，获得重新上路的勇气和信心。逆商高的孩子能正确地面对挫折和失败，任何困难都打不倒他。家长应该把培养孩子的逆商作为教育的着力点，使孩子在困难面前不惧不躁，形成良好的思维反应模式。

家长应该让孩子明白：做人做事必须脚踏实地，没有人能够随随便便成功。唯有脚踏实地，坚定不移，才是上上之举。不管孩子处在逆境还是顺境，只要其脚踏实地地追求理想，就能克服一切困难，为成功奠定基础。

不管是逆境还是顺境，它们都是孩子生活的重要组成部分。如果孩子的生活只有逆境或者只有顺境，那么他的人生将是不完美的。没有顺境，孩子的人生挫折太多，他会丧失对生活的热情，放弃理想。没有逆境，孩子的生活将平淡无奇，没有任何色彩。顺境和逆境就像一枚硬币的正反面，他们是相辅相成、不可分割的。所以，家长应该让孩子明白：顺境时，他应该总结成功的经验，逆境时，他应该奋发图强，突破重围。

在这里，有几点建议供家长参考。

1.让孩子明白顺境和逆境是人生常态

每个孩子的人生都是在不断地挑战，有逆境也有顺境。是否能够获得自己理想的人生，顺利实现理想，取决于孩子面对逆境或者顺境时的态度。只有正确地面对逆境和顺境，孩子才能把握好自己的人生。

孩子的生活不可能一帆风顺，追逐梦想的路上总会碰到困难和挫折。唯有斗志昂扬，才能顺利度过逆境。对待顺境和逆境，要有正确的态度。逆境时，首先要感谢自己，因为逆境代表着孩子离自己的理想越来越近了。顺境时，也要戒骄戒躁。

2.让孩子知道"胜不骄"

家长应该让孩子明白：面对顺境，骄傲自满是不可取的。如果孩子在顺境时骄傲自满，取得小小成绩就沾沾自喜，那么他就会停滞不前，甚至会退步。当孩子处于顺境时，家长应该告诉孩子："胜不骄"才是正确的态度。顺境的时候，孩子既要看到自己的长处，也要看到自己的短处。知道了自己的不足，就努力完善它，然后才能实现人生理想。

3.让孩子明白"败不馁"

面对逆境，首先不能气馁。家长应该让孩子明白：面对逆境，要有一颗平常心，遭遇了困难和挫折，从中获得经验和教训才是最重要的。没必要因为一时的挫折而闷闷不乐甚至放弃理想。逆境时，孩子能发现自己的不足，及时修正自我，使自己变得更强。让孩子知道，遇到失败并不是一件糟糕的事情，反而是一件好事。逆境并不是离梦想更远了，而是更近了，发现困难就是增补自己能力的机会，有利于理想的实现。当孩子处于逆境时，应该戒掉骄傲自满，用平常心面对自己的成绩。另外，当孩子处于逆境时还应该自我激励，让自己有坚持下去的信心。当孩子进入逆境的时候，家长应该多和孩子沟通，理解孩子的需要，激励他努力奋斗，不要以消极的态度去处理问题。风雨之后方能见彩虹，逆境就是理想之路上的暴风雨，只要孩子坚持下去，就必然能见到彩虹，实现人生价值。

在逆境中，教会孩子进行时间管理

木木考试成绩不理想，回到家闷闷不乐。

饭桌上，爸爸注意到木木的情绪有些低落，问："木木，怎么了？"

木木说："没什么，爸爸。"

爸爸又问："是因为成绩的事情吗？你刚升入初一，有些不适应是可以理解的。毕竟，初中的课程和小学不一样，不要着急。"

木木没想到，爸爸知道自己是因为这个不开心。想了想，说："爸爸，我会努力的，下次一定会考出满意的成绩。"

爸爸点点头，接着说："嗯，爸爸知道你是好孩子。给你提个建议，把时间合理规划一下，这样你学习的效率也许能提高不少。"

小学的课程和初中不太一样，初中的课程较多，学习时要花费更多的时间。木木没有想到这一点，在爸爸的提醒下，木木意识到了时间管理的问题。

木木在爸爸的提醒下，意识到时间管理是非常重要的。尤其是处于逆境时，更应该先做好时间管理。只有做好时间管理，人生理想才能一步一步实现。

当孩子处于逆境时，首先应该学会如何充分利用自己的时间，对时间进行合理的规划。合理规划自己的时间，可以提高孩子成功的概率，帮助他早日实现人生理想。所以，孩子学会如何充分利用时间和为理想进行时间管理显得尤为重要。

孩子每天有大量的学习任务要完成，安排不好每天的时间，的确是令人头疼的事情。如果孩子做好了时间管理，有了充分的准备，孩子总会得到成功的机会。逆境时，科学地进行时间管理是做好事情的必要基础。首先，孩子可以制订一个合理的学习计划，做到当天的事情当天完成。其次，随时记录自己的学习完成情况，以便进行新的时间管理。最后，时间管理要做到"要事第一"的原则，勤于思考，找到高效完成学习任务的方法。

另外，学习之余也要记得休息，只有充足的休息才能保证孩子的精神饱满。逆境时，时间管理做好了，孩子就能顺利地度过挫折期，战胜困难和挫折。孩子战胜困难的能力强了，他的逆商就会随之提高。逆商是一个人面对挫折、困难时的积极态度。逆商高的孩子不会轻言放弃，面对困难和挫折只会越来越勇敢。

逆商高的孩子能直面挑战、勇敢地面对现实生活中的痛苦。而成功实现理想的人，大多都是敢于面对逆境的人。敢于面对逆境，在遭遇挫折的情况下还能进行时间管理，这种人不畏艰难，在挫折前能保持微笑。从逆境开始，家长和孩子一起进行时间管理，提高孩子逆商，给予孩子一辈子的"财富"。

家长培养孩子的时间概念，让孩子懂得时间是非常宝贵的，就可以实现提高孩子逆商的目的。而逆商高的孩子，懂得为自己的理想进行时间管理，按部就班地执行时间规划，直到实现人生理想。

在这里，有几点建议供家长参考。

1.让孩子知道，实现理想是一个过程

只要孩子有理想，就会有斗志。家长应该让孩子知道，理想的实现是一个漫长的过程，一定不能心急，要慢慢来。人生理想的实现是一个漫长的过程，在这个过程中，孩子必然会遇到很多挫折和困难，孩子应该积极地去面对挫折，想办法解决这些困难。

实现理想，孩子必须具备必要的客观和主观条件，孩子应该努力完善自我，而完善自我是一个花费时间和精力的过程。为此，孩子需要做好时间管理，一点一滴地去积累把理想转化为现实的必要条件。

实现理想需要孩子一步一步脚踏实地地去努力，为理想的实现储备必要的技能和科学文化素养，掌握更多地有利于自己未来发展的基础知识。家长应该让孩子明白，想要实现理想，要有一定的规划意识，想好自己要做什么，需要花费多少时间去做这些事。给自己定一个合理的期限，孩子将更早实现自己的理想。

2.家长要指导孩子合理规划自己中长期的目标

孩子树立了远大理想，家长应该帮助孩子合理规划自己中长期的目标，只有合理、适当的中长期目标才能激发孩子的斗志，让他在遭遇困难的情况下仍然能坚持理想。目标太过遥远，可望而不可即，孩子会丧失追求理想的信心，在遇到困难的时候很可能会选择放弃。

所以，家长应该帮助孩子规划好阶段性目标。合理的长期目标，就是在家长的指导下，凭借自己的能力和他人的帮助达到自己的期望值。小目标实现之后，孩子的自信心和能力会进一步提高。

长期目标要有挑战性，这样孩子才能斗志昂扬。短期目标要符合孩子的身心发展规律。家长应该和孩子多交流，详细地分析孩子的实力，然后帮助他制定好中长期目标，达到激发孩子进取心、鼓励孩子的目的。根据孩子取得的阶段性成绩，家长应该适时地给予孩子鼓励，让孩子知道：不管他失败了多少次，只有他坚持理想，一直努力，家长就会一直支持他，做他坚强的后盾。

3.教孩子科学安排自己的近期时间

时间管理，简单来说，就是合理安排孩子的时间。让孩子学会如何科学合理地安排自己的近期时间，可以提高他的工作和学习效率，让他一步一步接近理想。

时间表要与孩子的实际情况相符合，不要脱离"实际"。事情有轻重缓急之分，重要的事情应该排在第一位，不要拖拉。除此之外，家长还可以根据孩子的特征，帮助孩子一起制定时间表。

家长应该常常告诫孩子，要充分利用时间，不要浪费光阴。时间很宝贵，除去睡眠、娱乐之外，学习和工作的时间是非常有限的。

要让孩子明白，想要实现人生理想、掌握丰富的知识，就一定要珍惜时间。从小就让孩子生活在"珍惜时间"的家庭环境中，他就不会做事懒散，毫无规划。此外，家长应该告诉孩子：零散时间也非常重要，要充分利用零散时间。时间不能被储存起来，所以不要让孩子养成浪费时间的坏习惯，要教育孩子做好时间管理。

4.教孩子根据实际调整时间规划

规划时间虽然好，但生活中，总会有意料不到的事情发生。所以，家长要教孩子在实际生活中根据实际情况调整时间规划，灵活处理各种意外情况，不能死板教条。

比如：孩子给自己规定了两个小时的写作业时间，但是某一天作业简单，他一个小时就完成了全部的作业。他决定，"多出"的那一个小时去玩篮球。这时候，家长就不该阻止孩子。

只要不违背原则，就可以灵活地调整时间规划。只要任务不是特别紧急，先完成什么后完成什么不是什么重要的事情。另外，家长应该尊重孩子的意愿，如果孩子有做的不合理的地方，家长应该和孩子沟通，告诉他正确的处理方式。灵活变通才是生存之道。

让孩子明白：理想是指引人们前进的灯塔

左家世袭为医。受家庭环境影响，小左的理想是成为一名伟大的医生。

白求恩是小左的偶像，如果以后有机会，小左也想做跨国界医生，救死扶伤，为人类社会做贡献。为此，他想要考上北京大学医学部。但是，小左的学习成绩并不是很好，他有些苦恼。

小左和爸爸说了自己的烦恼，希望爸爸能够给予他一些意见。

左爸爸对小左说："想要成为一名伟大的医生，这是一个很不错的理想。你现在已经有了自己前进的方向，就要坚定理想，不能退缩。目前你的成绩并不是很理想，所以，你应该先努力学习，提高自己的成绩。爸爸相信，心怀理想的孩子，必定能克服一切理想之路上的困难和挫折，取得你想要的成功。"

　　小左目光如炬，说："嗯，我知道了。"

　　爸爸接着说："心怀理想，在遇到困难的时候你才能坚持下去，为成为一名伟大的医生而不断努力。学医的学生是很辛苦的。他们常常要在实验室待很长时间，甚至好几天没办法睡一个好觉。有时候为了解决一些医学问题，要找遍图书馆的资料。但是，只要你心怀理想，这些就都不是什么问题了。这样，爸爸给你辅导功课，帮助你提高学习成绩。"

　　左爸爸认为，只有心怀理想，才能坚定不移地走下去。只有心怀理想，小左才不会因为中途出现的困难和挫折就轻易放弃理想。在生活和学习中，孩子必然会遇到这样或者那样的挫折和困难，遭遇了挫折，孩子会忧虑、困扰，这些消极情绪侵袭孩子的心灵，一步一步瓦解孩子的意志，最终可能会"摧毁"他的生活。各种现实压力，会降低孩子的幸福感，使他的焦虑感上升。

　　而心怀理想，孩子就能勇敢面对困难和挫折。家长应该引导孩子理性地看待困难和挫折，告诉孩子，抱怨和消极情绪只会阻碍他实现理想。只有孩子心怀理想，从点点滴滴的小事做起，面对失败不抛弃、不放弃，不断完善自我，把长远目标与短期目标结合起来，一步一步实现理想。

　　心怀理想，无论人生路上有多少困难和挫折，孩子都能勇敢地走下去。能够战胜困难和挫折的孩子都拥有很高的逆商，而高逆商的孩子能在未来获得更大的发展。

　　逆商高的孩子能够在追求理想的道路上，坚定自己的信念，迎难而上，他们不会掩盖自己的缺点，只会不断完善自己。

理想为孩子指明了奋斗的方向，给予了孩子巨大的精神动力，在面对困难和挫折的时候，孩子能不断鼓励自己，让自己坚持下去，直到实现人生理想。理想对孩子来说，有着非同凡响的意义。理想其实是坚定不移的信念，而它足以让孩子度过一切挫折期。理想为孩子提供无穷无尽的动力，帮助他获得成功。

没有理想的孩子，不能正确面对困难，总是有意或者无意地逃避挫折。他们总是给自己的失败找借口，而选择轻松的人生道路。殊不知，随着时间的推移，他们会付出更大的代价，遇到更多的困难和挫折。

理想是孩子成功的首要条件保证。家长想让孩子成长为有理想、有道德、有文化、有纪律的四有新人，就必须让孩子树立崇高理想，坚定信念，这样他才能解决自己遇到的人生难题。在成长路上，孩子会面临很多困难和挫折，解决这些问题，需要孩子有一个总的原则，这就要求孩子树立崇高的理想和信念。

对孩子来说，心怀理想，他就能坦然地面对一切困难。理想是孩子对未来的期许，一旦树立崇高理想，它就会成为支配孩子日常活动的精神动力。

在这里，有几点建议供家长参考。

1.用理想激励孩子

激励是促使孩子进步、使孩子快速成长的最佳方式。每个孩子都希望得到家长的重视，家长可以用理想激励孩子，赞赏孩子取得的成绩，这时，孩子心中会萌生荣誉感和自豪感，然后他们会更加努力地去学习，把工作做得更好。

家长应该依据孩子的自身条件和个人特长为其设计适合他的奋斗目标，

经常用理想激励孩子，使孩子为实现人生理想而努力拼搏，持续不断地为孩子提供进步的动力。另外，家长要注意，用理想激励孩子的时候，尤其要注重孩子的世界观、人生观的形成教育，纠正孩子的错误思想，帮助孩子树立恰当的阶段性目标，循序渐进之中，让孩子实现人生理想。

家长应该用自己的正面行为影响孩子，用理想激励孩子，用满满的爱心去关怀、体贴孩子，让孩子有勇气克服困难和挫折。家长还可以用一些古今中外名人的伟大理想激励孩子，让孩子从中获取经验。用理想激发孩子的进取心，让孩子认识到自己是一个有远大追求的人，能鼓舞他战胜困难和挫折的勇气，从战略上藐视困难，不被困难吓倒。

2.教孩子懂得，遇到困难要智取

当孩子遇到困难时，家长应该告诉孩子，不要蛮干，要学会开动脑筋，找出解决问题的方法。同时这也是提高他的能力、使他向理想迈近一步的机会。那么，如何让孩子学会开动脑筋对家长来说就是一件很重要的事。孩子的思维与他自身的行动力是密切相关的。

培养孩子的思维能力，让孩子善于开动脑筋，有以下方式：一是引导孩子学习日常生活中的常用知识，让孩子在与周围事物的接触中思维活跃起来。二是家长应该经常问孩子一些需要他缜密思考的问题，把握好一切可能的机会启发孩子的思维，鼓励孩子动脑筋思考问题。比如花是如何传授花粉的，雪是如何形成的。三是找到孩子的兴趣点，鼓励孩子多多实践，激发孩子的求知欲望，让孩子喜欢上动脑筋。比如：搭积木、拆装旧玩具等。四是家长应该鼓励孩子经常和年龄稍长的孩子一起玩耍。年龄大的孩子思维能力强一些，可以带动、启发年龄小的孩子，促进孩子的思维发展，使孩子学会动脑筋思考问题、解决问题。

3.告诉孩子，困难解决后应该总结经验

在实现理想的过程中孩子会遇到各种困难和挫折，而解决这些困难和挫折必定要花费孩子很多时间和精力。所以，当孩子成功地解决困难和挫折之后，家长应该让孩子总结经验和教训，为将来的成功打下坚实的基础。通过这种方式，既能提高孩子的自信心和战胜困难的勇气，也能为他以后遇到的困难提供一些解决问题的方法。有时候可以举一反三，灵活地运用这些方法。

家长应该帮助孩子吸取经验、教训。最好让孩子在每次遇到困难后都总结一下困难的类型、克服困难的方式以及以后遇到同样的问题该如何解决。这样做的目的是帮助孩子克服畏难的心理，培养孩子良好的意志品质。让孩子认识到，战胜困难首先要有正确的心态和方法，不能盲目地去做。总结经验和教训甚至比解决困难本身更为重要。

当孩子失意时，家长要帮助他找到自己真正的理想

小舟是初三二班的一名学生。

为了考上自己理想的高中，小舟花费了大量的时间在学习上。课外

活动也很少参加。

可是，他还是因为分数不够，与自己理想的高中失之交臂。他考上了一所学风颇为不错的高中，但教学实力相对较弱。

一时间，他不知道该如何选择。

知道了中考成绩之后，小舟在屋子里思考该怎么办。

这时，有人敲门。

"进来。"小舟情绪低落。

"知道中考成绩了？"爸爸问。

"嗯，不太好。"小舟不知道该怎么选择，是去复读，还是去那所不太理想的高中。

"不太好的意思是？"爸爸能感觉到小舟的情绪比较低落，但是他不知道小舟到底考的有多糟糕。

"没考上一中，差一分。我被二中录取了。爸爸，我很想去一中读书。我不知道该怎么办？"小舟想让爸爸给自己一点意见。

"爸爸认为，二中也很不错啊。学风纯良，而且那里也有很厉害的老师和同学。比起一中，二中的学习节奏没那么快，你可以很好地适应高中生活。也许，在二中，你可以找到自己的理想。"爸爸认为，小舟不适合一中的学习节奏，而且在二中也可以考上理想的大学。没有必要非去一中不可。

"爸爸，我……"小舟一时间想不通这件事。

"小舟，你不是很喜欢画画嘛。二中的学生都是全面发展的人，而且那里有一位很出名的美术老师，据说画工相当了得。"爸爸想，也许他去了二中，就知道自己真的喜欢什么。

"你画了那么多画，储藏室里有五个箱子，装的都是你画的画。你好好想一想，接下来到底要如何做。"说完该说的话，爸爸离开了小舟的房间。

小舟没有考上理想的高中，但这个结果并不是很糟糕，因为他被二中录取了。爸爸在小舟失意的情况下，给他指明了新的道路，引导他找到自己真正喜欢并愿意为之付出努力的东西——理想。

家长在孩子失意的时候，帮助孩子找到他真正的理想，可以提高孩子的抗打击能力，让孩子顺利地度过低落期。很多家长对孩子缺乏学习动力的情况感到不安，有时候会苛责孩子。他们想知道，"别人家的孩子"为什么天赋异禀。但实际上，家长更应该自我反省：自己对孩子做了什么。

很多孩子之所以出现不爱学习、失败后就一蹶不振的情况，原因在于家长过度苛责伤害了孩子的自信心，进而导致孩子自暴自弃。苛责孩子没有任何积极意义。

首先，批评是可以的，但家长不应该在孩子失意的时候过分苛责他，打击孩子的自信心是错误的。家长不能因为孩子一时失败就否定孩子曾经的成绩。其次，在孩子失意的时候，家长应该鼓励孩子，让孩子产生希望，帮助他在低落期找到自己真正的理想。

理想不会因为任何事物的改变而发生转移，孩子一时失意，也许就是寻找理想的转折点，有时候，危机就是转机。阴差阳错，也许孩子就会开创出新的人生篇章。同时，理想可以帮助孩子摆脱失意时的低落情绪，帮助孩子成功。

在人生路途上，孩子必定要经历失败。而真正的理想能够帮助孩子找到前进的方向，永远斗志昂扬。那么，不管孩子将来面对什么困境，他都能泰然处之。因为他可以在失意时找到自己真正的理想。这样的孩子拥有高逆商。

大量的数据证明：在今天，孩子能否成功，不仅仅取决于孩子的能力和智商，更取决于孩子面对失败、超越困难的能力。所以，家长应该把孩子的逆商培养作为教育的重点，在一点一滴的生活中提高孩子的抗打击、抗挫折能力，让孩子在失意时顺利找到自己真正的理想，从而获得成功。

孩子进入新的人生阶段，难免会迷茫无助、不知所措，在遭遇挫折时可能会失去继续努力的勇气。但只要孩子能在这个阶段找到积极向上的理想，有明确的人生目标，那他就能顺利度过失意期。当孩子失意时，有理想做他的指路灯、远航帆，孩子就能乘风破浪，摆脱失意的低落情绪，迎接新的人生。所以，家长应该帮助孩子寻找理想，尤其是他失意的时候。一个积极向上的理想带给孩子的意义是非同凡响的。

在这里，有几点建议供家长参考。

1.孩子失意时，挖掘他的兴趣点

首先，孩子失意的时候，家长应该从孩子的兴趣爱好入手，帮助孩子找到他的理想。兴趣爱好是孩子摆脱低落情绪的催化剂，是他的动力来源。在人生的失意期，兴趣爱好可以帮助孩子顺利摆脱挫折感，从焦躁中解脱出来，重新找到最佳状态。所以，家长可以在孩子失意的时候帮助他找到自己的真正理想。

其次，找到了孩子的兴趣，家长就可以引导孩子去做计划。这个步骤是非常重要的。大部分家长都会忽视孩子兴趣的意义，殊不知理想都是从兴趣发展而来的。当孩子失意时，一个基于孩子兴趣的计划可以帮助孩子及早解脱，获得重新上路的勇气。

2.在孩子失意时，多和他交流

在教育孩子方面，交流有着非常重要的意义，有时候，非语言沟通比语言沟通的效果更好。交流是一个非常宽泛的词语，任何可以交换感情的行为都可以被称之为交流。比如拥抱、眼神等。

当孩子失意的时候，家长一个激励的眼神，一个关怀的拥抱，抑或者轻拍着孩子的肩膀，告诉他："不要担心，有爸爸妈妈在。你勇往直前就可以了。"这些鼓励比任何的说教都来得更为有意义。

孩子失意时，需要的是家长的支持和鼓励，而不是唠叨的说教。只要孩子明白，爸爸妈妈会一直支持自己，他就能在失意的时候找到自己真正喜欢的事情，甚至把它发展成人生理想。所以，家长不要吝啬夸奖孩子，应该在孩子失意的时候多和孩子交流，让孩子感受到家长的关心和支持，这样孩子才能顺利度过失意期，找到自己真正的理想。

3.在孩子失意时，降低对孩子的要求

美国著名心理学家拿破仑·希尔曾经说过："人类最伟大的遗传因子就是善于梦想的力量。"也就是说，真的没有理想的孩子几乎没有，重点在于家长对孩子的引导。只要家长努力，在孩子失意的时候帮助孩子重树信心，踏踏实实地走好困难期的每一步，他就可以找到自己的理想，获得幸福。

在孩子失意的时候，家长应该降低对孩子的要求，让孩子有信心继续努力下去。在孩子失意的时候，放松对孩子的要求，给他缓冲的时间，让他有时间整理自己的情绪和想法，找到自己真正喜欢的东西。降低对孩子的要求是为了让孩子的情绪放松下来，并不是说无要求。任何事情都要有"度"，过分苛责或者纵容孩子，都对孩子的成长不利。

让孩子明白：有理想的孩子敢于直面失败

乔家父母对儿子的教育一向很宽容，从没苛责过小乔的学习。

9月份，小乔升入了初一。刚开始，他的学习还很好，没感到有什么压力。可是一个学期之后，小乔有了烦恼。

物理课上，小乔又开始"头疼"了，眼睛直勾勾地盯着黑板，就是跟不上老师的节奏。每次做物理题，总会出现很多错误。努力了很久，物理成绩也没有起色。

乔妈妈见小乔不开心，就问："小乔，最近怎么了？有什么事和妈妈说说。"

小乔抬头看了妈妈一眼，说："没什么，就是物理成绩老没起色。我期中考试考得特差，期末的时候我想考个好成绩。如果期末考不好，我就不能进入初二一班了，我觉得压力有点大。"初二一班是实验班，所有的尖子生都希望考入初二一班。

妈妈想了想，说："你这不是刚升入初一嘛，学习科目和小学有很大不同。一时跟不上是正常的，不要太苛责自己。"

小乔点了点头，说："知道了，妈妈。"

乔妈妈又接着说："你说，你考得不好，也就是说，你能听懂一部分内容，还有一部分不能理解。妈妈觉得，只要你把那部分你理解不了的知识学会，你的成绩一定会提高的。这样，妈妈找个人来教你，帮你解决问题。期中考试失败了不要紧，继续努力，下一次一定会考好的。妈妈相信你。"

小乔看着妈妈，说："嗯，我觉得是我学习方法有问题。也许真的需要有个人指导我。"

第二天，乔妈妈带回来一个比小乔大不了几岁的男生。

"妈妈，这是？"小乔问。

"他叫蒙奇，是张阿姨的儿子，学习可厉害了。"妈妈解释道。

"哦，我是小乔，谢谢你来教我。"小乔说。

"嗯，一起进步。"蒙奇笑了笑。

针对小乔存在的问题，蒙奇制订了最适合小乔的学习计划。周末的时候，蒙奇会帮小乔解决他遇到的物理问题，并且教他如何听课才能取得最高的效率。

小乔也努力学习。一旦物理上有了问题，就马上去问老师或者同学，从根本上改变了自己的思维方式。

期中考试的失败，给了小乔很大的刺激。有时候有问题解决不了，小乔会烦躁，但一想到期中物理考砸了，他就斗志满满。

小乔期中考试成绩不理想，所以倍感压力。为了进入实验班，在第一次考试失败的情况下，小乔没有放弃，他听取了妈妈的意见，积极寻求方法解决自己的问题。

每个孩子都有理想，理想也是美好的，但理想的实现需要孩子付出行动。人类因为理想而变得伟大，理想是孩子获得成功的最大助力。不管孩子遭遇了什么困难，失败了多少次，都应该把失败当成理想之路上的催化剂，咬紧牙关，战胜困难，最终必将获得成功。

遭遇了失败不要紧，重要的是孩子有理想。孩子拥有远大理想，即使遭遇失败，他也会坚定不移地走下去，为实现理想而努力奋斗，直到取得成功。

在失败的情况下，孩子坚持自己的理想，努力奋斗，说明他有很高的逆商。逆商高的孩子能在失败的打击下继续奋斗，勇敢前行。

逆商是孩子获得成功的不二法宝。甚至有专家曾说，百分百的成功等于百分之五十的逆商加上百分之五十的情商和智商。由此可见，逆商是非常重要的。

只要孩子有理想，不管他失败了多少次，他都会走出阴霾、重新上路。无数的事例证明：孩子成功与否，不仅取决于他的能力，很大程度上取决于他面对失败、摆脱困难和挫折的能力。家长想要孩子拥有这种能力，就必须提高孩子的逆商，帮助孩子树立伟大的理想，使理想成为孩子面对失败的最大助力。家长积极进行孩子的逆商培养，让孩子树立远大理想，帮助孩子形成良好的思维模式，增强孩子的意志力，提高他战胜困难、面对失败的能力，对孩子的未来发展有极大的好处。

中国工程院院士袁隆平为了研发超级水稻，解决粮食问题，经历过无数次失败。但每次失败之后，他都没有放弃，因为他有伟大的理想。他克服了无数的困难和挫折，最终研发出了超级水稻——一亩产水稻九百二十六千克。

不要惧怕失败，只要孩子有理想，坚持下去，最终必会柳暗花明又一村。理想是孩子成功路上的助力，是他战胜失败的勇气。

家长应该让孩子明白：不能逃避，应当直面失败。孩子只有直面人生败绩，坚持自我理想，才能抚平失败带来的伤害，然后继续努力，为自己的理想而奋斗。在失败和不幸面前，唯有奋起与抗争，紧紧扼住失败的咽喉，坚持理想，做生活上的强者，孩子才能获得幸福。

逆商高的孩子拥有正确的挫折观，能够在失败过后仍然坚持理想。失败能给孩子打击、伤害，但也是帮助他成长的催化剂。能够直面失败的孩子才是勇士。

在这里，有几点建议供家长参考。

1.给孩子灌输"不服输、不怕失败"的观念

平时，家长可以给孩子灌输"不服输，不畏惧失败"的观念，让孩子时刻保持高昂斗志。不畏惧失败，不代表孩子可以不承认失败。失败了重新来过就好。不能勇于承认自己失败的孩子，本质上还是害怕失败，因为害怕、畏惧，所以没办法接受失败。

家长应该让孩子做到：不畏惧失败，在失败之后，仍然能坚持自我理想。失败是成功之母，失败了就是失败了，不需要掩饰自己的错误，只要孩子能从失败中学到东西，避免不再犯同样的错误就足够了。

2.鼓励孩子勇敢面对失败

孩子在成长的过程中，会遭遇很多失败，比如竞选班干部失败、学习成绩不理想等。而这些失败不会因为孩子的意志而发生改变。但是，如果孩子能坚持理想，那么他就能走出失败的低落情绪，取得成功。家长应该鼓励孩子勇敢面对失败，在孩子失败的时候及时疏导他。

失败会让孩子产生自我怀疑。比如中考失败，孩子就会认为："我是不是学习很差才没考上好学校。"但实际情况并不是这样，考试本来就是检测

孩子阶段性学习效果的手段，一次中考失败并不能代表什么，何况考试成绩还会受到孩子情绪的影响。

孩子把失败归结为自身因素会导致孩子放弃继续努力的信心。孩子失败时，家长应该积极安慰孩子，鼓励他直面失败，让孩子有信心为自己的理想继续努力。家长的鼓励会让孩子产生重新奋斗的勇气。

3.给孩子释放压力的机会

孩子有伟大理想，在实现理想的路上，遭遇了失败，他会产生压力。如果这种压力无法释放出来，孩子很可能会丧失继续下去的勇气和信心。

家长应该给孩子释放压力的机会，充当孩子情绪的垃圾桶，让孩子表达他的失落情绪会让孩子有前行的勇气。在此基础上，家长可以引导孩子理解失败的真正意义，让孩子明白：失败就像石头，畏惧失败的孩子会被失败绊倒。而勇敢面对失败的孩子，会把失败当成他的垫脚石。

第9章
用名人故事激发孩子的抗逆境斗志

未来也需要独行，让海伦·凯勒
成为照亮孩子人生的一盏灯

小佳今年11岁，上小学五年级。小佳的父母都是老师，从小在他身上寄予了厚望，希望通过自己的教育可以让孩子出人头地，成为一个优秀的人。小佳上小学一年级的时候，父母就有意识地培养孩子的学习能力和特长，平时爸爸会多督促孩子背诵一些唐代诗词，妈妈也常常在周末等节假日期间送孩子去特长班，学习书法或者钢琴等课程。

在小佳上小学以后，爸爸妈妈会轮流抽出时间帮孩子预习功课，检查孩子的作业完成情况。因此，小佳在上小学的时候成绩一直名列前茅。而且在艺术等特长方面，小佳也有属于自己的特长，一直是班里的文艺委员。在学校只要一提到小佳，同学们都会想到他不仅成绩好，而且多才多艺。

对小佳的优异表现，父母也很欣慰，觉得自己为孩子的付出都是值得的。

渐渐地，小佳长大了，上了初中。在父母看来，孩子在小学可以这么优秀到了初中也一样可以考出理想的成绩。

刚上初中的时候，小佳小学时期优秀的成绩基础便显现出来，几次考试都在班里中上等。可是，小佳自己却并没有感到满意，因为自己小学的时候经常考第一，初中学习更加努力，可是成绩却只能保持中上等。初一上学期的期末考试对小佳来说很重要，因为学校会根据这次考试给学生分班，小佳付出了很多努力，希望自己可以进重点班，可是却事与愿违，并没有取得好成绩。得知成绩之后，小佳感到很失落。回到家以后，小佳的爸爸看出了孩子的情绪不太对，于是主动和小佳聊起了学习和生活的一些情况。

小佳说："爸爸，我觉得我接受不了自己失败，自从上初中后，我的考试成绩很不理想，我觉得我自己没用。"

爸爸说："人生不可能一帆风顺，每个人都会遇到困难，关键在于你怎么克服它。你的先天条件这么好，只要有一个良好的心态，加上正确的学习方法，一定可以取得好成绩的。"

小佳说："我觉得我只是一个普通的孩子，有时候付出很多的努力，可是却得不到自己想要的东西。那些聪明的孩子不用付出很多的努力，他们就可以取得成功。"

爸爸说："孩子，你听过海伦·凯勒的故事吗？她是一个聋盲人，可是凭借着自己的努力，最终获得了巨大的成功。可见，上帝给谁的都不会太多，关键看你怎么对待自身的困难。"

那天晚上，爸爸和小佳聊了很多，说了很多关于海伦·凯勒的故事，小佳感到很受鼓舞。在小佳看来，一个聋盲人都可以拥有这样辉煌的人生，自己为什么不可以呢？

自此以后，小佳努力学习，成绩也稳步上升，人也越来越乐观。

其实，在我们的生活中，很多孩子可能都会像小佳那样，因为一时的困难而否定自我，觉得自己不能够取得成功。家长可以带孩子了解关于海伦·凯勒的故事，帮助孩子重新树立信心。

海伦·凯勒是世界著名的女作家，教育家、慈善家、社会活动家。在一岁多的时候，海伦·凯勒因为患猩红热而被夺去视力和听力。自此在八十多年的生命里，海伦·凯勒一直生活在无光、无声、无语的世界里。即使这样，海伦·凯勒凭借着自己坚强的意志和过人的才华，完成了一系列享誉世界的著作，例如：《假如给我三天光明》《我的生活》等。在海伦·凯勒的一生中，有几十年的时间她一直致力于为残疾人造福，并建立慈善机构。1964年，海伦·凯勒荣获"总统自由勋章"，并入选美国《时代周刊》评选为"20世纪美国十大英雄偶像"之一。她是"身残志坚"的杰出代表。

家长可以把海伦·凯勒作为孩子学习的榜样，告诉孩子只要有决心，有信心，够努力，终会成功。海伦·凯勒获得这些成功能够引起世人广泛关注的一个很大原因便是海伦·凯勒突破了身体的局限，勇敢地追求自己想要的一切，家长可以以此教育自己孩子，要相信自己的能力，对自己有信心。

在关于家长如何教育孩子像海伦·凯勒那样应对困难方面，我们有以下建议供家长参考。

1.教育孩子养成热爱学习的习惯

学习的道路并不是一帆风顺的，很多孩子都可能会遇到各种各样的困难，那些逆商不高的孩子往往会选择放弃。这时候，家长可以多给孩子讲讲关于海伦·凯勒学习的故事，教育孩子要热爱学习，并找对方法。

由于海伦·凯勒是个聋盲儿童，要想学习读书、写字、说话是非常困难的。对海伦·凯勒来说，世界是一片黑暗的，海伦·凯勒为了可以清楚地发音，她找来小绳系在一个金属棒上，叼在口中，另一端拿在手上，练习手口一心，写一个字，念一声，虽然慢，进步却很快。

从海伦·凯勒学习的故事中我们可以看出来，只要孩子拥有热爱学习的习惯，凭借着坚强的学习毅力，踏踏实实地走好每一步，可以获得巨大的成功。

2.掌握合适的学习方法

作为一个残疾人，海伦·凯勒拥有很多身体上的不方便，学习需要付出比常人更多的努力。但是海伦·凯勒一直在不断探索属于自己的学习方法。

有一次，海伦·凯勒的老师教她"水"这个单词，一开始的时候海伦·凯勒怎么都记不住，后来老师带她一边触摸水，一边在她的手心里写下"水"的单词，海伦·凯勒很快就记住了。在学习的时候，海伦·凯勒不断总结自己的学习方法，她将自己的学习主要分成四个步骤：首先，抽出三个小时自学；其次，再用两个小时默记所学的知识；再次，用一个小时的时间将自己用三个小时所学的知识默写下来；最后，剩下的时间她运用学过的知识练习写作。

通过独特而系统的学习方法，海伦·凯勒掌握了大量的知识，并能熟练地背诵大量的文章和名著的精彩片段。一本20万字的书，她用9个小时就能读完，并能背诵，理解，还可以把书中精彩的句、段、章节和自己对文章的独到见解在两个小时之内写出来。

可见，掌握合适的学习方法对海伦·凯勒的学习至关重要。在平时的生活中，家长应该有意识地指导孩子的学习，帮助孩子总结学习方法，努力让孩子的学习像海伦·凯勒那样达到事半功倍。

3.指导孩子养成乐观的心态，不轻言放弃的性格

海伦·凯勒可以获得世界范围内的认可，与她乐观的心态密不可分。在生活中，如果遇到了什么困难，海伦·凯勒会主动看事情的积极方面，以新奇、乐观的心态看待造物主赋予她的一切。在生活中，家长可以多指导孩子学习海伦·凯勒身上的优秀品质，体会海伦·凯勒面对困难不轻言放弃的精神，学习她的乐观心态。不要遇到困难就轻言放弃，要学会从困难中看到机会，积极乐观地战胜困难，争取成功。

教孩子像查尔斯·舒尔茨一样 认识和接纳自我

鑫鑫是一名刚上小学一年级的男孩。从小父母比较忙，就把他寄养在姑姑的家中，性格内向的鑫鑫很安静，少言寡语，平时的游戏也只是玩一些拼装玩具，或者画画、看书。

上小学之后，由于鑫鑫不爱说话，每天独来独往，经常会被一些男孩子欺负。由于班里孩子很多，老师也不像在幼儿园时候能够照顾到自己了。已经上学一个多月了，班主任还叫不上来鑫鑫的名字。这些情况形成了恶性循环，鑫鑫变得更加的沉默寡言，自卑胆小表现得越加明显。

鑫鑫妈妈有一个好朋友是儿童心理咨询师，看到鑫鑫的情况之后，她决定给鑫鑫一些心理指导。有一次吴阿姨到鑫鑫家做客，在通过一起

做游戏和孩子熟悉之后，吴阿姨就开始问他一些学校的事情。鑫鑫很喜欢这个亲切的阿姨，说了自己的委屈和对自己性格的不满。他问吴阿姨说："阿姨，你说像我这样的人怎么办呢？"

吴阿姨一边翻看着鑫鑫放在书桌上的绘画作品一边说："你的画画得那么好啊！"鑫鑫不好意思地脸红了，但眉宇间却萦绕着自豪。"鑫鑫，你知道美国的漫画家查尔斯·舒尔茨吗？"

"知道啊，我最喜欢看他的史努比漫画了"，鑫鑫的话匣子被打开了。吴阿姨问："那你知道他在学校的时候是什么样子的吗？""不知道，不过我猜像他那么优秀的漫画家，一定是一名优秀的学生。"鑫鑫的眼神又暗淡了。

吴阿姨摇着头说："他在学校有一个绰号是'斯帕奇'。他读小学时，各门功课常常不及格。到了中学，物理成绩通常都是零分，他成了全校有史以来物理成绩最糟糕的学生。他笨嘴拙舌，社交场合从来就不见他的人影。在人家眼里，他这个人仿佛不存在。"

"那他怎么成为大画家的呢？"鑫鑫充满好奇地问道。"他深信自己拥有与生俱来的绘画才能，并为自己的作品深感自豪。就是凭借对自身的自信，查尔斯·舒尔茨终于凭借连环漫画《花生》而成功。"

鑫鑫听了查尔斯·舒尔茨的故事，若有所思，在后来的日子里，妈妈发现他再也不讨厌去上学了。每天回来之后的心情也比以前好多了，看到孩子的变化，鑫鑫妈妈也觉得很高兴。

故事中的鑫鑫由于从小父母不在身边，以及天生的性格比较内向，导致在上小学之后不适应的情况。这种情况如果长期持续下去，很可能造成孩子自卑的性格，对以后的成长不利。面对这种情况，鑫鑫妈妈找到了做儿童心理咨询的朋友寻求帮助。在专家的指引下，通过与鑫鑫建立良好的关系，再因势利导地根据孩子的特点，发现他擅长或者感兴趣的领域，然后以生动的故事引发孩子的思考，杜绝了孩子向不利的方向成长。

在培养孩子的逆商中，有些先天性的缺点是不可避免的，也是孩子必须要面对的，家长必须要对孩子做到适当地引导，以避免孩子走进自卑的"死胡同"。对性格的发育产生的不利影响，家长能够做到的主要有以下几个方面。

1.帮助孩子正确地认识自我、接纳自我

每个孩子成长的环境不同，天生的性格各异，受到周围人们的评价和看法也不同。有些性格开朗的孩子更容易引起人们的注意，也更容易将自己的优点展现出来。而性格内向的孩子更喜欢安静的环境，不喜欢引人注目，则可能被人所忽视或者容易受到否定的评价，查尔斯·舒尔茨就是这样的孩子。

在整个成长时期，查尔斯·舒尔茨笨嘴拙舌，社交场合从来就不见他的人影。这并不是说，其他人都不喜欢他或讨厌他。其实在人家眼里，他这个人仿佛不存在。如果有哪位同学在学校外主动向他问候一声，他会受宠若惊，感动不已。

对于这样的孩子，很多家长都会担心孩子的未来，可是查尔斯·舒尔茨却并没有被人们的评价所左右。他对自己的表现似乎并不十分在乎，无论是考试成绩不理想，还是周围没有人理他，他都不在乎，他在乎的只有一件事情，那就是画画。他深信自己拥有与生俱来的绘画才能，并为自己的作品深感自豪。

正是由于查尔斯·舒尔茨能够正确地认识到自己的才能才使得他能够对其他方面的缺陷做到视而不见，从而能够身心健康地成长，最终成为一位漫画家。

2.树立坚强的信念和理想

当孩子能够做到正确对待自己的优缺点的时候，就能够以平和的心态迎接生命中的更多挑战。每个人的成长都会经历很多的挫折，就像查尔斯·舒尔茨一样，即使他能够正确地认识到自我，但还是会在绘画路上受到更多的磨难。

上中学时，查尔斯·舒尔茨向毕业年刊的编辑提交了几幅漫画，但最终全部落选。尽管有多次被退稿的痛苦经历，但他从未对自己的绘画才能失去信心，决心今后成为一名职业的漫画家。

到了中学毕业那年，查尔斯·舒尔茨向当时的沃尔特·迪士尼公司写了一封自荐信。该公司让他把漫画作品寄来看看，同时规定了漫画的主题。于是，他开始为自己的前途奋斗。他全力以赴，以一丝不苟的态度完成许多幅漫画。然而，最终迪士尼公司并没有录用他，他再一次吞下失败的苦果。

前途对查尔斯·舒尔茨来说十分渺茫。走投无路之际，他尝试着用画笔来描绘自己失败的人生经历。他以漫画语言讲述了自己灰暗的童年、不争气的青少年时光、一个没人注意的失败者。结果，他所塑造的漫画角色很成功，连环漫画《花生》很快就风靡全世界。

生命并非完美无缺，每个人都有不擅长的领域，不要妄自菲薄，也不要狂妄自大，正确地看待自己，发挥自己的优势。记得几米的漫画中有这样的一个故事："露露不会游泳，不会飞，她的鸭子也是。露露带着小鸭子，天天到池塘边看别人怎么游泳，怎么飞——日子一样很快乐。"接纳自己，树立正确的理想，以坚韧的毅力去实现它，这是每个人都能够尝试的成功。

让孩子学习刘永好
斩荆披棘、勇往直前的精神

西西是个刚刚上初中的女孩，原本有一个幸福的三口之家，爸爸经营着一家企业，妈妈全心照顾西西。"天有不测风云"，西西在小学毕业之前家庭却遭受了很大的变故。爸爸在一次出差的途中不幸出了车祸遇难，失去顶梁柱的西西家一下子陷入了困境。

家庭的变故对西西的精神打击很大。她不知道将来和妈妈两人该如何生活，谁又能照顾这个家庭。初中的女孩正值青春期，容易多愁善感，西西变得不再活泼开朗，每天都低着头匆匆地上学、放学，穿梭在家和学校的两点一线。

西西妈妈在处理完后事之后，就开始忙着接手公司的事情。在经过了最初的悲痛和对职场的适应之后，她却发现女儿变了。一个初中的女孩就开始染头发，也经常看到她和一些社会上的小混混来往。妈妈开始尝试着和她沟通，希望知道她内心的真实想法。

经过几次谈话之后，妈妈发现西西之所以不再像以前那样好学上进，是因为她担心家里没有经济实力供自己上学。她想初中毕业之后就开始打工赚钱，减少妈妈的负担。

西西说："我现在是穷人家的孩子了，要早点当家，早点赚钱养家，不愿再拖累妈妈。"

听完西西的话，妈妈意味深长地说："好孩子，妈妈理解你的心情。可是你知道吗？如果你不好好上学，那才是真的让妈妈觉得心寒呢，更何况我们家现在还有这个经济能力。很多孩子从小的环境还不如我们，他们还不是努力学习，改变了家庭贫困的状况嘛。"

接着，妈妈给西西讲了新希望董事长刘永好的成长故事。新希望是西西爸爸公司的客户，刘永好的故事在公司可谓是家喻户晓。

出生于20世纪50年代初的刘永好，家庭境况却并不好。刘永好还年幼的时候，父母亲就双双去世，撇下兄弟四人孤苦无依。为了能够生存，刘永好兄弟放弃了当时的"铁饭碗"开始闯荡商海。没有学习的条件，"把别人打高尔夫球的时间用来学习"，一分一秒地挤出时间学习，最终创建了新希望集团，获得了"中国改革开放30年影响中国经济30人"的称号。

听完刘永好的故事之后，西西开始调整自己的状态，慢慢地将心思回归到学习上来，重新又做回了原来那个懂事爱学习的女孩子。

刘永好是改革开放初期白手起家的企业家的代表之一，由于幼年贫困的家境，让他不得不依靠自己的努力奋力打拼，最终取得企业经营的成功。刘永好的起点比一般的人都要低，两岁时，因为家庭贫困被过继到别人家，在20岁之前没有穿过一双新鞋子，没有买过一件新衣服。正是通过这样的故事，才能让西西这样一直身在幸福之中的孩子感受到什么是生活的艰辛，也才能够激发起她向上的斗志，不至于因为家庭的变故而消沉，自暴自弃。

这些名人的故事是锻炼孩子逆商的精神食粮，能够教会他们应对挫折，好学奋进，不为生活中的困难所阻挠。刘永好的故事交给孩子们很多成长的道理。

以下的几点建议可供家长参考。

1.勇敢地面对生活的困境

没有人可以不经历任何磨难地长大，只是对于家庭生活困难的孩子来说，这种磨难从一出生就开始了。出生于20世纪50年代初的刘永好，家庭境况却并不好。虽然父亲在国有企业的技术部门工作，但刘永好兄弟共四人，所以父母亲的经济负担一直不小。

刘永好十三四岁时，每天天不亮就起床，到小饭馆的门前去等着别人扔掉煤渣。他每天用捡到的煤渣赚钱补贴家用。除了上学，他们兄弟四人其余的时间都要四处拾柴火，解决家里烧火做饭的问题。更雪上加霜的是，在刘永好年幼的时候，他的父母双双离世，只能依靠四兄弟的打拼去维持生活。

就是在如此艰难的家境下，刘永好依然勇敢地坚持下来，保持着对生活的乐观态度，没有因为家庭的困境而消沉、失意、一蹶不振。

2.学习和专注是困境中生存的法宝

虽然从小家里生活就很困难，但是父母对子女的教育却从没有松懈，刘永好有着良好的家教。父亲教育刘永好兄弟几人，今后要不畏艰难，要敢于出去闯荡，还要有社会责任感。刘永好的母亲，一个普普通通的乡村教师，平日里既忙于教育学生，也不忘时常要求自己的儿子不断学习，且会帮助刘永好兄弟几人从学习中寻找乐趣，以增强他们对学习的兴趣。

在父母去世之后，刘永好时刻牢记双亲的教诲，并在此后的日子里利用一切可利用的时间认真地学习、专注地做每一件事。

1982年，刘永好兄弟四人终于下决心砸掉"铁饭碗"，在父亲"敢闯才会赢"的激励下，开始他们的"个体户"生涯，此前的刘永好是四川省机械工业管理干部学校的一名教师。而此后，他卖手表、自行车、黑白电视等所有可以变卖的东西，以此换来资本，在市集卖鸡、养鹌鹑、卖饲料，最终成了"中国饲料大王"。

在几十年的创业历程中，刘永好始终努力去做到父亲所说的"不畏艰难"，并坚持学习。在他看来，自己最成功的地方就是"把别人打高尔夫球的时间用来学习"。走南闯北的这些年，无论在坐车、坐飞机还是在闲暇时刻，他几乎都会读书看报，而且每天晚上都会腾出两三个小时十分专注地去学习各种新知识。

没有谁的人生会一帆风顺，生命就是一场布满荆棘的艰难旅行。困难并不可怕，可怕的是没有战胜它的勇气。家长要学会鼓励孩子正确地认识困境的重要，以积极的心态面对困难、解决困难。微笑着面对它，利用一切机会增长知识，增强对挫折的认知能力，将困境作为孩子成长的一堂必修课。

不低头、不服输，让孩子学习
伽利略直面困难的精神

周末，小静到阿桃家找阿桃玩耍，起初两个人聊得很开心，可是过了一会儿，她们吵了起来。

原来就在她们聊天的时候，阿桃的妈妈正好到客厅给手机充电，小静见状，便说道："手机充电的时候辐射比平时大，咱们去你的卧室玩儿吧。"

"你的观点是错误的，手机充电的时候辐射和平时不相上下，只有来电的时候辐射才会较大。"阿桃纠正说。

"你才是错误的，上回我妈妈特别嘱咐，要离充电的手机远一点，否则会受到辐射的伤害。难道我妈妈还会骗我不成？"小静理直气壮地说。

"哦，这样啊。大概是我记错了吧……"起初阿桃还十分肯定自己的观点，听完小静的话，她不禁怀疑自己，"难道是我记错了，长辈是不会错的，算了，就当小静说得对好了。"

阿桃妈妈在旁边听着，笑了笑没有说话。等到小静回家后，她才把阿桃叫到身边，说："阿桃，关于手机辐射的问题，你真的觉得小静说的是正确的吗？"

"当然不是，不过，我还是不应该质疑长辈的观点，而且我怕小静会因此生气，也许我真的记错了。"阿桃有点委屈地说。

"你还记得伽利略的故事吗？"妈妈微笑着问道。

"记得，他不向权威低头，敢于质疑亚里士多德的观点，即使反对之声很高，他依然坚持自己的主见，并证明给大家看。"阿桃说。

"对，你应该向他学习，当你对某个问题有自己的看法时，就要用实践去证明，不要轻信权威，这样才能进步。"妈妈笑着说。

阿桃点点头，若有所思，心想："难道小静妈妈的观点是错误的？"她决定，无论是否会惹小静不高兴，她都要和小静一起把问题搞清楚。

故事中的阿桃没有坚持自己的观点，轻易信服长辈的言论，在妈妈的引导下，她认识到了自己的错误，决定无论如何也要把事情搞清楚。其实，像阿桃这样的孩子不在少数，他们因为年龄和学识的制约，经常对自己的观点表示怀疑，有时孩子自己是正确的，却不敢质疑权威，轻易向权威低头。孩子这种不自信的行为对自身的发展是很不利的。

孩子的一生要经历很多挫折，如果一遇到困难就低头、服输，便很难锻炼出坚强的意志和强大的实力。因此，在教育孩子时，家长要注意锻炼孩子的逆商，培养孩子不低头、不服输，勇于直面和挑战困难的品质。

距今400多年前，意大利伟大的科学先驱伽利略就向世人证明，敢于质疑并在艰难困苦中证实并捍卫自己的观点才是探寻真理的正道。当初，伽利略推翻亚里士多德的观点，提出"重球和轻球会同时落地"，引起了很多科学家的不满，大家都责骂他不知天高地厚。但当伽利略用实验证实了自己的言论后，所有人都不得不信服。

后来，伽利略又开始研究哥白尼的"日心说"，虽然之前的科学家采科·达斯科里和哲学家布鲁诺已经因为质疑托勒密的"地心说"而惨遭不幸，但他依然在重重困难下，本着科学家追逐真理的良心，不断地验证"日心说"和"地心说"的正误。

在天主教会的强压下，伽利略把自己关在书房里，用了五年的时间，写下了一部伟大的科学巨著——《关于两种世界体系的对话》。此书一出，得到很多科学家的共鸣，但鼓吹"地心说"的天主教会却因此将其抓捕入狱。

伽利略没有足够的能力与执掌重权的天主教会抗衡，但他不向权威低头，即使身陷囹圄也不放弃追逐真理，在狱中写下了伟大的物理学著作——《关于两门新科学的讨论》。伽利略的故事阐述了这样一个道理：即使身在困苦之中，也不要轻易向权威低头，要用实践验证自己的观点，如果自己的观点是错误的，就要加以改正，否则，就要坚持到底。

锻炼孩子的逆商，就要培养孩子敢于质疑、坚持己见的品质，让孩子即使面对困难，也不向权威低头，直面挑战人生中的挫折。那么，家长该如何做呢？

以下几点建议可供家长参考。

1.在日常生活中，培养孩子敢于质疑的习惯

伽利略的成功源于他敢于质疑，所以家长要培养孩子质疑的习惯。生活中家长们会经常看到，很多孩子只是全盘接受老师、家长的教诲，即使是成绩优异的孩子，也很少质疑师长的观点，其实，这不利于孩子学习和生活能力的提高。

对于有的孩子来说，质疑师长的观点就是在"自找麻烦"。因为，如果

他们质疑师长或同学的观点，就要想办法去证实，否则就不会得到他人的认同，甚至可能会被责骂。所以，孩子们便抱着多一事不如少一事的态度，全盘接受师长的言论。

因此，家长要在日常生活中注意培养孩子敢于质疑的习惯，让孩子积极地面对学习和生活中的各种问题，不但能提高孩子的逆商，还有助于锻炼孩子的思维能力，增长智力。

2.让孩子自己创造困难、解决困难

孩子们除了学校和家庭外，很少接触其他圈子，所以生活中的挫折相对较少，想要提高孩子的逆商，家长就要让孩子学会自己创造困难、解决困难，从而锻炼自己的逆商，提高自己的综合实力。

家长也可以给孩子创造一些困难，比如找一道难题让孩子解答，引导孩子帮助邻居小朋友解决困难，让孩子独立生活一个星期等。虽然都是一些很简单的事情，但也能达到锻炼孩子逆商的效果。

3.增进亲子关系，和孩子一起解决困难

有时候孩子容易向困难低头，是因为他们能力不够，无法独立解决问题，于是丧失信心，放弃挑战。这时，家长要灵活应对，给孩子一些必要的帮助。家长参与到孩子解决困难的过程中，可以减轻孩子的压力，提高孩子的信心，让孩子轻松、快乐地解决困难。这样不但能够锻炼孩子的逆商，还可以增进亲子关系，让家庭更和睦。

教孩子像卡内基一样积极地生活

玛丽是个漂亮的小姑娘，性格也很活泼，同学们都喜欢和她交朋友，和在学校相比，玛丽在家里的表现就不尽人意了，她的懒散、被动常常让爸爸妈妈头疼不已。

"玛丽，听邻居的汤姆说，最近学校有个舞蹈大赛，你想不想参与一下？"一天晚上，妈妈问道。

"我才没有兴趣，学校的一切活动都与我无关。"玛丽无所谓地说。

"亲爱的，多参加集体活动，对你是有好处的，尝试一下吧。"妈妈劝道。

"妈妈，我觉得自己挺优秀的，根本不需要锻炼，您就别再拿这些无聊的事情打扰我了。"玛丽不高兴地说。

"好吧，你总是这么不积极。"妈妈摸摸额头，表示无奈。

过了几天，爸爸从报纸上看到，市里正在筹办一次自行车比赛，便对玛丽说："宝贝，你的车技还不错，报名参加吧。"

"行了，爸爸，体育比赛是很辛苦的，我可不愿意参加。"玛丽看着电视满不在乎地说。

爸爸知道玛丽的脾气，笑着问："宝贝，你知道卡内基吗？"

"卡内基？我想起来了，他被称为'钢铁大王'，是个非常富有的人。"玛丽兴致很高地说。

"你希望自己将来像卡内基一样富有吗？"爸爸问道。

"当然希望，做个有钱人是我唯一的理想。"玛丽高兴地回答。

"那你就要像卡内基学习了。他出生在一个普通的家庭，小时候生活也很贫穷，但他拥有积极的生活态度，总能抓住一些赚钱的机遇，最后成为富翁。和他相比，你的生活态度太懒散、太被动，这种性格是很难抓住机遇、大赚一笔的。"爸爸耐心地说。

"这样啊，我很懒散吗，具体表现在哪些方面？爸爸快告诉我，我要改正！"玛丽着急地说。

"比如这次自行车比赛，你本来可以积极参与，不但能锻炼自己的能力，还可以认识几个新朋友，说不定对你的人生有很大影响，可是你却毫不在意，好像全世界都与你无关。"爸爸指点说。

"原来是这样。那以后我积极参与集体活动，为实现自己的理想打好基础。"玛丽认真地说。

"宝贝真棒！这才是青少年应有的生活态度。"爸爸欣慰地说。

故事中的玛丽做事懒散、被动，很少参与各种集体活动，为此妈妈很头疼，爸爸用卡内基的故事引导她，才让她明白做事积极的重要性。每个人的一生都充满挫折和机遇，态度积极的人更容易战胜挫折、抓住机遇，从而取得成功。家长在锻炼孩子的逆商时，要注意在平时的生活中培养孩子积极的生活态度，让孩子主动迎接困难、提升自我。

卡内基并非天生富贵，他从小生活在贫穷的家庭环境中，父亲以手工纺织亚麻格子布为业，母亲则替鞋铺缝鞋。然而，父母虽没有太高的文化水平，却为人正直，有积极进取的心态，这让小小年纪的卡内基也受到了正面影响，养成了积极上进的性格。无论遇到什么困难，他都能积极解决，努力进取，而且最终总会取得成功。

13岁那年，卡内基随家人一起移民到美国，起初在东海岸的纽约港，后又辗转至匹兹堡。而移民生活的开始，也是他赚钱经历的开始。那一年，刚刚移居他国的卡内基一家，生活十分清苦，父母的收入很少，不得已之下，他也开始了社会工作，白天做童工，晚上读夜校。虽然辛苦，生活也比较拮据，但卡内基总是积极对待生活中的问题，他把每一天都过得很充实，自己也觉得很快乐。

卡内基曾在匹兹堡的一家电报公司做信差。起初，他对匹兹堡的路一点都不熟，很多地方他都找不到，但他却敢向公司许诺，说自己定会在一个星期内记熟全城所有线路，并将信件顺利送到。当时，公司老板决定给他一个机会，且很快就被他积极进取的工作态度和坚定的毅力打动，最终让他继续在公司打工赚钱。后来，卡内基每一笔财富的由来，都与他积极进取的生活态度分不开。

家长们可以借鉴卡内基成功的经验，向孩子传递积极进取的重要性。一个孩子如果能够抱着积极进取的态度生活，那么，无论遇到什么困难，他都不会轻易放弃，而是努力寻找解决问题的办法，提升自己的实力。家长该如何培养孩子积极进取的生活态度，锻炼孩子的逆商呢？以下几点建议可供家长参考。

1. 从小事做起，让孩子积极发现生活中的机遇

成功后的卡内基教育子女时常说："富有与贫穷往往就在一念之间，

其中，积极的心态会帮助他从贫穷和阴暗中崛起。"家长们也应该学习卡内基，让孩子从小就养成积极的生活态度。有时，积极的思考会让孩子有意外地收获。

一次有人送给卡内基一只兔子，他非常喜欢。很快，这只兔子又下了一窝小兔，卡内基既欣喜又为难，因为他买不起豆渣、胡萝卜等可喂养这些兔子的饲料。但积极思考的卡内基并没有被此事难倒，为了给一窝小兔子争取到食物，他告诉左邻右舍的小朋友们，谁愿意拿食物喂养这些小兔子，将来就用他的名字称呼其中一只小兔子，以作为报答。小朋友们都很喜欢卡内基养的那些小兔子，所以都心甘情愿拿自己的胡萝卜喂养它们，有的甚至积攒了自己的零花钱为小兔子买饲料。

故事中卡内基巧妙地解决了自己的难题，而这种的心理策略后来也被他运用到自己的经营活动中，帮助他创造了很多财富。家长应该告诉孩子，当深陷困苦中时，如果积极地思考、努力尝试各种解决方法，说不定会有意外的收获，发现生活中的机遇，并抓住机遇，取得成功。

2.培养孩子的思维能力，让孩子能够突发奇想

与普通人相比，一些成功人士往往能在关键时刻突发奇想，另辟蹊径，从而取得成功。因此，家长在锻炼孩子逆商的过程中，要注意培养孩子的思维能力，让孩子遇到困难时能够另辟蹊径，找到解决问题的办法。

成年后的卡内基曾在某铁路段上当监理，一次铁路线上的一座木制桥梁被烧毁，在工人们昼夜忙碌着搭新的木桥时，他的脑中却突然闪过一个念头：木制桥梁已不适应时代发展的需要，必定很快被铁桥代替。就因这个念头，他以最快的速度借钱开办了一家建造铁桥的公司，从此财富滚滚而来。

卡内基的成功足以说明思维能力对成功的重要性。培养孩子的逆商，首先要锻炼孩子解决问题的能力，否则，当孩子面对困难时，很有可能会被困难打倒。

让居里夫人成为指导女孩走向成功的路灯

小蓝今年上小学三年级，是家里的独生女儿。爸爸妈妈一直将小蓝视为自己的掌上明珠，非常疼爱小蓝。在家的时候，家长很少让小蓝做家务，如果她有什么想要的东西，家长基本上都是有求必应。父母只希望孩子可以健健康康地成长，好好学习，以后找一份好工作。

小蓝在上小学时乖巧聪明，在家很听家长话，在学校也是努力学习。虽然成绩不是很出色，但一直很优秀。小学毕业后，小蓝进入了离家不远的一所初中学校。在家长看来，初中的学习压力更大，孩子也更辛苦一些，所以自己要更细致地照顾孩子。

一开始上初中的时候，小蓝觉得很新奇，因为在初中可以接触到更多的同学，发现更多好玩的事情。刚上初中的时候，每天回到家，小蓝经常和爸爸妈妈说起学校里发生的新鲜事。时间久了，家长发现小蓝开始慢慢抱怨初中的生活，认为初中学习压力太大，人际关系太复杂，自己的学习能力不如别的同学等。家长在听到小蓝这样说以后，会主动安慰孩子，让小蓝相信自己，好好学习。在家长看来，小蓝从小的成绩就不错，出现情绪波动只是因为刚上初中不够适应，过段时间就可以恢复到良好的状态。

初一上学期结束的时候，小蓝的家长参加孩子的班会。在班会课结束后，班主任主动和小蓝的家长谈起她在学校的表现。班主任反映小蓝刚上初中的时候学习状态和情绪都很好，可是自从小蓝第一次月考成绩不理想之后，小蓝的学习和精神状态越来越不好，这次期末考试成绩也不理想。

晚上小蓝回到家后，小蓝的爸爸主动和孩子聊起了初中的学习生活。

小蓝说："一开始自己对学习很有信心，觉得自己只要努力学习，可以考出好成绩。可是，自己第一次月考的成绩就不理想，后来，上课开始有些听不懂，学习状态越来越不好。"

爸爸说："学习上偶尔遇到些困难是很正常的，只有战胜了困难，你才能有更大的收获啊。你看居里夫人，她在进行物理实验的时候也是经历了很多困难，如果她在一开始的时候就放弃，也不会获得如此巨大的成功，成为令世界瞩目的物理学家。"

那天晚上，爸爸和小蓝谈了很多关于居里夫人如何投身于科学事业、战胜一个又一个的困难，最终获得成功的故事。小蓝听了之后很受鼓舞，认为只要自己努力学习，也一定会取得理想成绩的。

果然，在初一下学期的时候小蓝就考出了理想成绩。初中毕业后，小蓝考上了重点高中。

其实，在我们的生活中，像小蓝这样的孩子并不少见。家长一直以来对孩子照顾得无微不至。孩子上小学的时候，几乎是一帆风顺。可是当孩子进入一个更大、更具挑战性的环境之后，一旦遇到困难，孩子就不知该如何面对。

当孩子遇到困难不知道该如何面对的时候，家长不仅可以鼓励孩子树立信心，克服困难，也可以给孩子讲述关于居里夫人的故事，让孩子学会从她身上吸取正能量。

家长给孩子讲述居里夫人故事的时候，应该注意以下几点：首先，家长要了解孩子的性格特点，寻找孩子与居里夫人相似的性格特质。很多孩子会认为，居里夫人之所以能够成功，是因为她拥有异于他人的天赋，自己没有取得成功的天分。家长可以选取居里夫人与自己孩子相似的性格特质，告诉孩子：你也可以像居里夫人一样地学习和工作，居里夫人的性格偏向安静，有探究的习惯，你也有这些性格特质。只要好好发扬你的优点，你也可以获得成功的。其次，家长可以选取居里夫人生活中一些典型事件，重点分析给孩子听，让孩子能够以小见大，从居里夫人的生活细节中学习她优秀的品质。最后，家长可以搜集居里夫人的名人名言，并贴在孩子常见的地方，让孩子可以耳濡目染居里夫人的优秀品质。

在关于家长如何教导孩子学习居里夫人应对逆境的方法上，我们有以下建议供家长参考。

1.找到自己的兴趣所在，做自己喜欢的事情

居里夫人一生的大部分精力都献给了科学，最终成为著名的物理学家、化学家。这与居里夫人选对自己的事业，发挥自己的特长密切相关。从上初中起，居里夫人便知道自己热爱物理，之后，居里夫人努力学习和物理相关的知识。16岁的时候，居里夫人以金奖的成绩从中学毕业。虽然以后的生活历经坎坷，但居里夫人始终热爱自己的事业，并发挥自己的天赋，在探索科学的道路上越走越远。

家长可以在生活中鼓励孩子学习自己感兴趣的事情，并坚持下去。孩子在上初中的时候，家长可以让孩子在尽量平衡和提高各科成绩的同时，学好自己的优势科目，提高自己的综合成绩。

2.培养孩子节俭、朴实的性格

家长对孩子的爱，应该是一种有节制，有理智的爱，在生活上不要太放纵孩子。教育孩子学习居里夫人节俭、朴实的生活性格。居里夫人在有了孩子以后，经常教育自己的孩子要"俭以养志"，告诉孩子说："贫困固然不方便，但过富也不一定是好事。必须依靠自己的力量，谋求生活。"

在居里夫人出名以后，有一名记者前往居里夫人的家中，希望可以采访居里夫人。记者看到一位赤足的夫人坐在一家渔家房舍前，于是走上前，询问夫人知不知道居里夫人家住在哪里？妇人的回答出乎记者的意料：我就是居里夫人。

可见，居里夫人在生活中也是非常俭朴的。家长可以在生活中教育孩子学会节俭，这样也可以培养孩子谦逊、踏实的性格。

3.培养孩子坚韧不拔的性格

家长可以多给孩子讲述居里夫人取得成功所付出的努力，让孩子知道名人在逆境中是如何不抛弃、不放弃的。居里夫人可以取得如此重大的科学成就，与她坚韧不拔的性格有着重要关系。提炼化学元素是一件很费体力和精力的事情，有时候为了提炼一克的"镭"元素，居里夫人需要将一吨的工业废渣一点一点地放在锅里煮，等着化学元素冷却、凝固。居里夫人将自己35年的大部分时间都用在了科学研究上，可见，这需要多么坚韧不拔的意志。

家长在给孩子讲述居里夫人故事的时候，可以深入挖掘居里夫人成功背后的故事，鼓励孩子像居里夫人那样遇到困难积极面对。